如何写出好故事：HBO 大师写作课

〔美〕埃里克·博克 — 著

王喜悦 — 译

台海出版社

北京市版权局著作合同登记号：图字01-2020-5306

图书在版编目（CIP）数据

如何写出好故事：HBO大师写作课 / (美) 埃里克·博克著；王喜悦译. -- 北京：台海出版社，2022.3

书名原文：The Idea:The Seven Elements of a Viable Story for Screen, Stage or Fiction

ISBN 978-7-5168-2748-2

Ⅰ.①如… Ⅱ.①埃…②王… Ⅲ.①写作—基本知识 Ⅳ.①H05

中国版本图书馆CIP数据核字(2021)第252084号

如何写出好故事：HBO大师写作课

著　者：〔美〕埃里克·博克	译　者：王喜悦

出 版 人：蔡旭	装帧设计：蔡炎斌
责任编辑：徐玥	策划编辑：村上　苟敏

出版发行：台海出版社

地　　址：北京市东城区景山东街20号　　邮政编码：100009

电　　话：010-64041652（发行、邮购）

传　　真：010-84045799（总编室）

网　　址：www.taimeng.org.cn/thcbs/default.htm

E－m a i l：thcbs@126.com

经　销：全国各地新华书店

印　刷：天宇万达印刷有限公司

本书如有破损、缺页、装订错误，请与本社联系调换

开　本：880mm × 1230mm		1/32
字　数：150千字		印　张：6.5
版　次：2022年3月第1版		印　次：2022年4月第1次印刷
书　号：ISBN 978-7-5168-2748-2		

定　价：42.00元

献给每一位

渴望创作出优秀作品的作家

无论你已在这个行业坚持多久

引言

对作家来说，现在的写作似乎应该变得更容易一些。与以往相比，现在的作家可以接触到更多的资源，所以他们可以为人们呈现出一本更好的书、一部更好的网剧，甚至是一部更好的独立创作的电影。在这个充斥着自发布、数字视频和社交媒体的时代，几乎所有人都可以将自己的创作发布出去，而不必顾及审核人员的严厉面孔。

但是，如果我们想接触到大量的受众，而不仅限于个人的联系人和在线"粉丝"，并想以此赚钱，那就另当别论了。如何让他人愿意通过消费来阅读我们写的东西，如何成为职业作家，很多人都对此表示困惑。

从前，为了让更多的受众有机会接触到我们的作品，我们需要找代理商、出版商、制作人和大公司在背后予以支持，现在的情况基本没变。时至今日，绝大多数成功的电影、电视剧、畅销书和戏剧仍然是通过这些传统的做法来包装打磨的。

不幸的是，要打动那些审核人员并不比以前容易。每当我们完成一部作品，准备将其公之于众时，就要准备好面对这个令人头疼的事实了。通常情况下，结果都会事与愿违。

我们的作品为什么打动不了那些人呢？他们在寻找什么呢？为什么会这么难呢？

答案其实非常简单。那些拥有潜在受众与良好销路的作品，在通往成功彼岸的荆棘之路上，都拥有共同的特点：一是，作品中有一个不错的想法；二是，可以在情感上引起观众的共鸣，吸引他们的注意力；三是，观众在这个体验过程中非常享受。

但大多数情况下，我们不明白这一点，甚至根本不会往这方面去想。因此我们非常不理解自己为什么会频频遭遇退稿，我们找不到任何头绪，就只能尽快进行下一次投稿。结果，要么是被冷冷地拒绝，要么根本就没有任何回应。

在这个过程中，我们经常变得垂头丧气，很难得到那些对我们有益的建议，这会让我们误认为出版的准入门槛太高了，那些决策者们太不近人情了。我们会想，要是能把作品交到正确的人手里就好了，那我们的机会就来啦！

但是，作为一名专业的编剧，加上这些年来在编导方面指导他人的经历，我深得体会，"没有接触到合适的人"并不是阻碍我们成为一名成功编剧的一道困难关卡。相反，让那些"合适的人"对我们所写的东西产生浓厚的兴趣，才是最困难的事情。而这正是我们大多数人从来没有达到的目标。为什么会这样呢？作家所热衷于写的东西，却不为该行业所认可，是什么造成了两者间的脱节呢？又是什么左右决策者来决定此书是否能够通过审批呢？

其中部分原因是，作品中明显缺乏专业的写作能力，经验丰富的读者一眼就能看出来。他们只需读几页，就能品味出剩下的内容是否值得一读。如果这部分内容始终没有吸引住他们，他们是不会读下去的。但是信不信由你，在大多数情况下，这还不是主要问题。让一个写作项目陷入困境的，通常是故事的基本想法，对此，我们可以用一两句话的日志、一封询问信中的简短概要，或者一个简短的口头表述来阐明这个基本想法。

但大多数时候，写作项目也就此终止了。因为读者对这本书的想法根本就不感兴趣。他们看不到这本书的潜在价值。他们不需要阅读整本书就可以做出决定。他们清楚核心思想是使项目在市场上可行的最基本因素。而他们所看到的大多数想法（以及他们读到的剧本或手稿）都缺乏一个行之有效的中心思想。

"想法"是一个故事的核心前提或核心概念，基本上可以归结为以下几个问题的答案：

一、故事的主人公是谁？我们为什么要对他们表示认同？

二、他们渴望在自己的生活环境和人际关系中得到什么？

三、他们在实现目标的过程中遭遇了什么？

四、他们通过做什么来试图解决这个问题？这个问题为什么会如此困难？

五、为什么这对他们和我们来说都很重要？

这就是一则故事基本的核心内容。读者对一篇材料是否感兴趣，往往直接来源于对这些问题的解释是否清楚。

我是如何做到的

我花费了好长一段时间才搞清楚。

大学毕业后，我想成为一名专业编剧，于是从俄亥俄州搬到了洛杉矶。这期间，我在二十世纪福克斯电影公司担任办公室助理，空闲的时候，我就写剧本，但那时候的剧本根本满足不了本书中所规定的这些标准。当然了，我那时也不知道会存在这些标准。我只是对自己喜欢的电影中的关键情节进行模仿，但没有从更深的层面对其进行理解。我痴迷于故事结构和场景写作（和大多数作家一样），但我不知道故事的想法是如何运作的。我并不知道这就是我需要学习的东西，也不知道该如何去学习。

那是因为当时，当然也包括现在，大多数关于剧本创作的书都不会将重点放在故事的想法上。关于故事的结构、角色和写作过程本身，就有说不完的话，更不用说介绍如何把剧本投入到商业中了，所以选择去写什么往往得不到首要的重视。作家们也常常对其视而不见。

我大致是这么理解的，在好莱坞的电影剧本中，那些高票房的大多是基于其"高概念"的想法，但这些作品通常是动作片或科幻片，对我来说并不是很有吸引力。所以我写了一些基于"低概念"想法的剧本，这些作品的灵感都来自现实生活。

之后我完全转型，并参与了加州大学洛杉矶分校的情景喜剧写作课程。在那之后，我开始为现有的一些节目写"规范"的脚本，比如《欢乐一家亲》《我为卿狂》《老友记》。有了这些，我也就不会再执着于那些伟大而大胆的原创想法了。我只需要为已经写好的电视剧中的某一集策划好一个还不错的小想法，这部剧之后就能一炮而红。最终，我成为自己的首个经纪人，平日工作中的那些老板也开始注意到我的作品。

幸运的是，那个老板是汤姆·汉克斯（在福克斯这个临时的泳池漂泊了两年后，我进入了他的制作公司），他有一个项目要我帮忙，这个项目最终成了HBO的一部迷你剧《从地球到月球》。他慷慨地给予了我一个机会，把这个项目的写作任务与制作任务交给我，我的生活最终也因此而改变。几年后，我开始接手《兄弟连》这个项目，这是他这次为HBO执导的另一部迷你剧，不过这个项目是由我和史蒂文·斯皮尔伯格（Steven Spielberg）共同完成的。

这两个项目都是历史题材的系列短剧，直接改编自非小说类书。因此，与其他项目不同，这些项目所涉及的是为一部故事片、小说、戏剧或电视剧想出一个独创的想法。我不需要做任何其他事情——只需要学习如何将这些真实的人物和事件改编成引人入胜的电视节目即可。（并不是说这个任务很容易，也不是说我的整个过程都很轻松、没有犯太多错误。）

谢天谢地，这两个项目都很成功，得以让我以作家的身份踏进了好莱坞的大门，让我有机会向电视台推销自己系列剧的原创思想。这就意味着我可以提出属于自己的、全新的、虚构的想法。我没有现成的系列剧书或非小说类书来支撑自我学习，完全是依靠自己去想一个个的"点子"。

所以我开始为戏剧方面的系列剧做准备。很快，我就明白了这比看上去的要困难得多。我自己的经纪人否定了我的大部分想法，因为这些想法对于潜在的买家来说并不具吸引力，或者说买家根本就不感兴趣。这时，我才意识到很多东西我都不清楚，需要重新学习。

就在这时，我开始认真地探索，究竟什么才是使电视剧成功的"想法"。我开始把这当成我的全职工作（在一小时戏剧市场），也终于想到了一些令经纪人喜欢的想法，我把这些想法抛售给网络公司，也就是说，他们开始雇我写剧本了。

后来，我开始教编剧并对一些有想法的作家予以指导，我发现他们对于一个想法的生成毫无概念，但他们自身意识不到这个问题，所以我需要教授产生这些想法的关键要素。不幸的是，他们为实现这些想法所做的努力都无法克服这些核心问题。

在大多数项目中，也包括那些专业人士写的作品，几乎每个作家都会遇到这种情况。

因此，我开始根据自己的经验，为准备投入市场的电影或电视剧整理出构思方面的关键要素，这样一来，我也可以把它们传授给其他人。（正如你想象的那样，这也有助于我自身的写作。）我在博客上写了这些，并分享给了与我共事的作家。我才发现它们不仅适用于剧本，也适用于小说、戏剧和其他形式的"故事"，这就是我写这本书的原因。

要想得到一个真正可以成功的想法可能并不容易，但这也不会比做脑外科手术难。最好的想法通常都会呈现出简单明了的基本元素，可供人们学习、研究。前提是我们要摆脱这样的定式思维，即一个还不错的想法就是剧本或手稿的全部。其实，并不是这样的。没错，作品必须在很高的水平上完成制作。但比制作更为关键的，或者比作品最终落到纸上的文字更为重要的是，作品背后所承载的基本想法。所有的一切都取决于此，这确实是个关于"想法"的生意。

在这本书中，我将介绍一则故事中想法构成的七要素，我相信这对于一则故事中心想法的构成至关重要。它们可以被分别提炼成一个词去概括，我将在下一章中分别对每一个要素进行讨论。

但在我们开始之前，我要提出三个简短的警示：

一、我的目标是帮助那些想卖掉自己的作品并以此为业的作家。艺术家或实验性的电影、戏剧或文学作品可能不在这一范围内，但它们仍会获得市场定位层面的赞誉。我将那些对潜在的美国大众具有吸引力的想法视为重点，这就意味着包括商业小说、戏剧以及广泛发行的电影和电视剧在内的作品会广泛受益。换言之，这种故事类型的作家很可能会赢得读者的青睐，让读者愿意去为这个作品而消费，这样下来便能够赚到利润。

二、我的身份主要是个编剧。虽然我相信这本书中的思想同样适用于其他媒体故事，但为了简单起见，比如说，我会使用"剧本"和"观众"这样的词，来替代"书、手稿"和"读者"。当我使用"读者"这个词时，我通常指的是一个作家为了推动他的作品而需要打动的专业读者（包括为他筛选素材的代理商、经理、制片人、出版商和付费读者）。

　　三、电视剧是一种与电影剧本、小说或戏剧截然不同的创作类型，因为它并不是要讲述一个有明确结局的故事，而是要介绍一个系列剧。这一系列故事中包括许多小故事，通常每个故事中都有各种不同的角色，每个故事都很有吸引力，但是你就是判定不了这个系列故事的结尾。因此，接下来每一章的结尾都有一节是关于如何将这本书中的原则具体应用于电视剧这一独特的媒介上的。

目录

如何写出
好故事：
HBO 大师
写作课

第一章

专注于构思

一个作家在完成一部剧本后，他们通常会明白，是时候得到反馈了。而最好的反馈，通常是来自那些客观的专业人士或者是那些知识渊博、对手艺精益求精的人士，他们会给出中肯的意见。这样的机会很难得，一定要把握好。

但通常情况下，他们在正式写作之前，不会去找那些对自己的创作想法有很好指导建议的人士寻求反馈，而是直接投入数月甚至数年去完成自己的作品。但就是这一点，对他们最终的作品呈现起着至关重要的作用。那是他们做出最重要的创造性决定的时候。

他们为什么不这么做呢？也许他们担心自己的想法会被窃取。初涉写作行业的作家常常对此异常担心，而专业人士却很少对此忧心忡忡。诚然，一个人不能因为一个故事中一两句话的想法（而不是一些较长的文档，如大纲或脚本）就拥有版权，而且，创作想法很少被窃取，即使真的被窃取了，最终所呈现的作品也会与原作者的作品截然不同。

但我认为更重要的原因在于，对大多数作家来说，创意的产生与发展是一个既痛苦又看不到、摸不着的过程，并且一切看似都不会发生，直到他们构建出场景或至少组建出一个故事。构思故事想法的这个过程让人感觉这并不是在"写作"，但这又确实是创作过程中至关重要的一部分。

代表专业（或接近专业）作家的代理人和经纪人对这一点很明白，所以会坚持要求他们的客户在投入写作之前，先把自己的写作想法确定下来。他们会否定掉很多想法，也会对还在酝酿中的一些想法提出建议，因为他们非常明白，如果没有一个非常强大的想法作为故事的支撑，这部作品是没有销路的。他们不想让客户浪费时间写一个从一开始就有缺陷的剧本。

作为一个编剧，我忽略了自己也处在这个危险之中。作为其他作家的导师，我看到了这个问题存在的普遍性。我读过数百个不甚专业的剧本，几乎所有的剧本都有一个中心思想，但就我在这本书中所阐述的原则而言，这些核心思想都有很明显的缺陷。也就是说，如果我在他们开始写作之前就得知了这个想法，我会试图说服他们再重新好好思考一下，润改之后再做定夺。我对剧本所做的一些重要"注释"或批注，几乎90%都出于剧本成形之前。所以在你投入写作之前把剧本给我，我才能够帮助你进行接下来的写作。

因此，我现在给作家们提出的第一条建议是：在你开始构建或勾勒剧本之前，要想办法针对你的创作想法获得认真客观的反馈，而不是直接就去写故事大纲，更别说直接去写剧本了。在你逾越这个阶段之前，要致力于努力让人们注意到你的想法，并且你自身一定要做一些实质性的反思。这个过程可能要持续很长一段时间，会涉及很多不同的想法，你很可能对其中某一想法非常激动，但没过多久又会对其心灰意冷。你要明白其中大多数想法永远都不会赢得专业读者的青睐，这就意味着已经完成的剧本也不会吸引读者。难道你不想现在就把这个"漏洞"补好，而非要等到几个月之后再来修补？因此，无论是向作家朋友讨教，还是向一些需要付费的专业顾问进行咨询，总之要想方设法获得与你的故事想法相关的高质量反馈。

60/30/10规则

　　我想说，一个项目能否获得成功，有至少60%的因素取决于核心想法，这个想法用简短几句话至多一页纸长的摘要就可传达清楚。而专业人士正是在阅读完这份摘要后，才会考虑是否愿意进一步阅读。

　　想想看：我们能否获得这个机会，最重要的是，或者有60%的因素取决于故事基本想法中所包含的内容。但这并不主要涉及这些月以来你在大纲、写作、重写以及获得反馈等方面取得的成果，这些不是最重要的部分。最重要的是在这之前发生了什么。

　　但是，要想提出这一基本的想法，并非易事。要想得到一个令专业人士感兴趣的想法，那就更需要花费大量的时间去反复践行了。我们大多数人都不想花那么多时间去质疑自己所架构的核心故事前提。但现实是，"市场"会对故事想法提出质疑，通常会对其有所驳回，并会否决我们付出的所有努力，除非我们有一个在市场上行得通的想法。

　　尽管多年以来作家们一直在追求"这门手艺"，但许多作家（如果不是大多数的话）曾经提出的故事想法，都不符合此书中所阐述的标准。这也是大多数人永远不会卖掉自己的任何一部作品或成为专业人士的一个重要原因。他们可能会专注于场景写作和叙事结构以达到专业水平，但不会专注于去理解怎么做才能构思出一个可行的想法。最重要的是，对这个可行的想法要有一个正确的理解。

如果你从这本书中没有获得其他什么收获，但一定要记住"60%"这个数字，并且一定要相应地重新配置你为了得到一个"基本想法"所做出的努力。你需要花费更多的时间和精力在想法的构思上。作为一个作家，你的首要目标是要搞清楚一个优秀的想法是由什么构成的，以及如何才能构思出这样的想法。

一旦你构思出一个切实可行的想法，并且对其有了合理的把握（因为你已经和其他人彻底审查过了），才能把注意力转向另外那40%的过程，此时接下来的40%才是有意义的。

那40%是由什么组成的呢？

对我来说，一个项目能否成功，有30%取决于对故事结构的选择，即接下来的故事会出现什么场景，或者你在大纲中能看到什么。

这就意味着一个作品成功与否，只有10%关乎你是如何进行表述的，即最后成品中的景物描写与对话描写，真实的场景描写对一个成功的作品只能起10%的作用。

这对许多新手来说似乎令人震惊。最重要的是在正式写作前所做出的努力，这个过程对于你的作品能否成功，占有九成的分量。

再说一次，我并不是要表达剧本的写作水平非得是一流的，才能有助于作家的职业生涯，才能在某种程度上帮助其事业向前发展。当然了，如果你的场景描写能力非常好，勾勒结构和大纲的能力也非常强，那就再好不过了。我只是说这两件事不是决定项目成功的关键因素。事实上，这两种能力通常是不为人所知的，因为如果你的想法在起初就不过关，也就不会有机会展露你的写作水平。

至于为什么把握不住机会，原因很简单：在这本书所述的七个元素中，一个或几个元素并不足以概括那些被普遍认知的关键性元素。所以无论是谁，仅凭这几点就能想到一个好主意还是不够的，对于创作过程中的这些关键元素，即使不同的读者也会使用不同的术语来进行描述（或者，他们可能根本就没有意识到，这些才是他们所要寻找的并予以最佳回馈的东西）。

设置的问题

任何故事都有一个核心问题，整个故事就是围绕着解决这个问题去展开的。作者要想法让故事中的主角积极参与到这个挑战中来，这无疑要集中他们的注意力。集中全身的精力，调动自身的情感，当然还要充分考虑到作品的受众，让受众在阅读或观影中产生同样的共鸣。通常情况下，一则故事进行到10%，就开始进入正题了，接下来事件会持续酝酿（整个事件会变得越来越糟，越来越困难），一直到最后才被解决。一个故事的立意就是那个核心问题。也就是说，主人公所面临的、亟待解决的问题是什么，这个问题有多么困难、多么重要，以及他们中途会遇到什么阻碍，他们又会通过什么办法去解决这个问题。这些才是专业人士希望从你的日志或摘要中所要了解的内容。除非他们能从你的故事中看到符合以上条件的问题设定，并且他们认为这个问题听起来确实是可行的而且非常有趣，否则他们不会有兴趣阅读接下来的内容。

那么，是什么让"这个问题"（即你的基本故事立意）变得可行呢？

它需要具备以下七个基本特征，巧的是，每一个英文单词的首字母组合起来正好是"问题"这个单词：

一、惩罚性

不仅整个故事都要围绕解决这个问题展开，而且主角在故事的每一个场景中，几乎都在试图解决这个问题。但通常他们是解决不了的，因为这个问题非常复杂棘手，在解决的过程中，情形会变得更加复杂。如果不存在这个问题，也就不需要一个完整的"故事"来解决这个问题了。这个问题难以解决，主人公在与之搏斗的同时，被它围困住了。

二、相关性

我们需要对一个故事的主要人物、他们的主要任务，以及这个任务的重要性，在人性化层面上很容易有认同感。正因为如此，我们在观众那才能够强烈地感受他们是否达到了自己想要的结果，从而让我们决定是否要继续把故事讲下去。我们甚至设身处地地为他们着想，仿佛他们的问题就是自己的问题。观众选择继续看下去，是因为整个故事让他们感觉与自己密切相关。整个画面生动鲜活，主人公们一直在努力解决一切问题，尽管在这个过程中，他们会遭遇诸多困难。但如果他们不这样做，就会感觉事情的发展进程没有那么令人信服，随之，观众也就不会那么感兴趣了。

三、原创性

整个故事的发展前提及其叙述方法都是崭新的，尽管它也符合传统上人们对一个好故事和优秀题材的认定。作品的立意中一定要有一束独特的火花，最好能听到属于作者独有的声音。

四、可信性

当我们在听到或读到某个想法时，很容易对其理解，甚至会由此对整个故事充满兴趣，从某种程度上，感觉这一切是可信的。换句话说，我们感觉这一切都是真实发生的事件。我们很容易就能看出来，角色似乎很清楚自己想要做什么、需要做什么以及该采取什么行动。这一切听起来都是很有道理的，不会让人们提出任何问题，也不会对所发生的任何事情产生怀疑或困惑。

五、改变命运

一个中心故事的"使命"意味着，观众所牵挂的主角要面对一个非常重要的挑战了。如果这个问题不解决，他们的生活将会更糟糕，这简直不堪设想。从本质上讲，他们所处的外部环境就充斥着危险。只要这些问题得以解决，场面就会比现在好很多，而且一切都会好起来。此外，在历经挑战的这个过程中，他们也会以一种非常重要的方式让自己发生质的改变。但前提是，必须有来自外部的风险。

六、娱乐性

不管是纸质作品还是荧屏作品，故事中试图解决问题的这个过程一定要很有趣，而且要符合相对应的体裁。无论是喜剧片、动作片还是悬疑片，观众都能从中体会到自己希望得到的那种情感。所以对他们来说，这就像糖果一样——是他们越来越想要的东西，是他们真正喜欢的东西，他们对于自己喜欢的东西从不会吝惜花费时间和金钱。

七、意义性

当观众看完这个故事后，他们会感觉到自己的生活增添了某种意义，会察觉到生活中有一些值得去探索的东西，而正是这些让他们在故事之外的现实生活中产生了共鸣。观众所看到的不仅仅是浮于表面的情节，而是蕴藏在作品中对他们的生活充满意义的东西。

这听起来很简单、很浅显，对吧？如果你的立意同时具备这七个特点，那么你的作品一定会引起经纪人、代理商、编辑或制作人的兴趣。

或许这听起来也不那么简单，或许这些特点不可能同时实现。如果你有点被这项任务压得喘不过气来，这时候你可能就已经意识到这是一项多么重要的工作了。

那些怀有抱负的作家却很少取得成功是有原因的，同样有抱负的作家能获得如此丰厚的回报也是有迹可循的。很少有人能在一个剧本或一个创意中就成功囊括以上七点要素。

当我们遇到自己最喜欢的故事时，甚至都没有注意到，故事的作者对以上要素处理得是如此自然。从我们的消费经验来看，这些都是好故事的基本标准，可以说是不言而喻的。但这并不意味着作者很容易能获得成功。现实是，要创造出看似不费吹灰之力的东西，需要付出巨大的努力。而作家通常不会天生就具备实现这一目标所需要的东西。

你的概念有"多高"

在好莱坞，日志成为衡量电影或电视剧立意的一个标准工具。通常不过一两句话，就把故事的前提提炼成故事中所面临的基本问题。一个合格的日志会显示出这个故事明确地符合本书中所规定的标准。它所呈现出来的是一种涉及一个或多个角色的扣人心弦的场景，人们很容易想象到观众看到这样的情景时对自己所牵挂的角色该有多么紧张。日志中会提出一个听起来非常困难的核心性挑战，却也相当地有趣，例如：

一个狡猾的德国实业家从第二次世界大战中大捞一笔，但他看到犹太人所经历的生活时，感到大为震惊。于是，他开始雇用这些犹太人，试图让他们远离纳粹阵营中一个指挥官的控制。虽然这个纳粹指挥官对他很友好，却是个十足的精神变态。

——《辛德勒的名单》

一个天真的大学毕业生和他父母的一个已婚朋友有了一段私

情，他的父母原认为他是在和朋友的女儿约会。

——《毕业生》

　　一个倒霉的伴娘要证明自己是比一个更富有、更漂亮、更自信的已婚女人更合适的伴婚人选，所以便开始对她进行攻击，证明自己才是更好的伴娘。

——《伴娘》

　　我们在谈论一个故事的立意时，实际上是在谈论这个立意的精髓。其呈现形式简单，却易于理解，这就是最佳畅销立意的真实写照。

　　成功的日志往往具备"高概念"的基本组成要素。"高概念"是指某种离谱的情况，不一定是幻想的情景，而是充斥着极端、意外、极具不可能，具有明显的娱乐价值和广泛的吸引力。通常这些离谱的情形，是通过"假设"想出来的，比如："如果一个主题公园里的恐龙突然跑了会怎么样呢？"再或者："如果一个十几岁的孩子穿越到了过去，妨碍了自己的父母约会，他想尽办法把他们聚在一起，然后又找到一条通往未来的路，那又会怎么样呢？"

　　即便我们做出的假设是非幻想性的，如果它们足够有趣、清晰明了，让潜在的观众能够马上在脑海中产生娱乐性的画面，也可以称之为"高概念"。

　　"如果一个男人到了四十岁还是未婚，而有个未婚同事非常喜欢他，想和他发生点什么，又会是什么情形呢？"我们可以试图构思下这部电影的原版海报。在这个假定下，仅仅是史蒂夫·卡雷尔的形象和头衔就足以让人获得喜剧感、足以感受到接下来会发生的一些挑战。它似乎孕育着可能性，让人想知道为什么以前没有人想到过这一点呢。

一个引人注目的日志中存有"高概念"，故事的立意清晰明了，那么引人注目的原因也得以明晰。我们可以在日志中对故事尽情地描绘。没有人会因为不理解而提出许多问题。他们只要看到提纲，就能立刻"明白了"。

把日志写好

　　日志对作家来说可谓是一场斗争。不是因为写一两个包含这些关键要素的句子太难，而是因为他们的故事本身并没有真正包含这些要素。

　　如果一个想法缺少七要素中的部分甚至全部，在日志中一眼就能看出来。因此，专业人员在决定是否要继续阅读剧本时，看一下日志就足以了。而这也是日志存在的主要价值，也是买家要在正式阅读前必须看一下日志的原因。因为浏览一下日志，基本就可以决定要不要再继续读下去了。

　　所以真正的挑战不在于写日志，而是寥寥几笔就能轻松地勾勒出让故事切实可行的这个想法。那么用一两句话来表达它的本质就相对简单了。

　　话虽如此，但在制定一份日志时需要遵循一些指导方针。我们的目标是让读者能够对电影（或连续剧、舞台剧、小说）留下一个整体印象，所以不应该在遗漏关键信息的同时对这个故事进行"调侃"。而是应该清楚地传达出这个故事的主要挑战是什么，以及这个挑战为什么如此艰巨、如此重要。一个电影制片人或主管看到日志时就希望能够想象到海报、预告片、观众乃至所制成的类型。他希望能够看到这个想法是如何清晰地融入某种观众所青睐的电影中去的，以及它如何在这方面形成独特而引人入胜的变化。

因此，一个良好的日志通常包括以下三个基本要素：

1．我们很快就能清楚主角是谁，以及主角间存在着怎样的联系。

2．引发故事的"催化剂"意味着事件的发生会改变一切，而且主人公要对此采取行动。

3．现在他们必须直面这一挑战的本质，明白自己的使命以及挑战的艰巨性与重要性。

真的是这个样子。

下面我们来举两个例子：

有一个人从小在北极长大，是个快乐、天真的小精灵。有一天他认识到自己是个人，于是出发去寻找他的父亲和他在这个世界上的家。他来到了纽约，在这个城市里，他那孩子般的善良并不受欢迎。

——《圣诞精灵》

一个黑手党老大遭遇枪杀并丧失了行动能力，他最小的儿子是一个战争英雄，他本不应该接手家族企业，但此时他必须接手，他试图击败那些对他们开枪的敌对黑手党家族。

——《教父》

　　第三点尤为重要，这是最重要的一点。主角肩负着某种使命，是一种最适用于商业领域的想法，这个想法需要整个故事的推动才能完成，即使任务只是试图逃离一个糟糕的局面，但是这个任务设置的难度会非常大，而且十有八九会面临失败。观众会全身心投入角色和他们所要承担的任务中，在观影中获得娱乐。

　　主角还可能经历一段"心灵旅程"，在慢慢成长、慢慢改变。当然了，这并不是我们最初想要探讨的，这仅仅是次要的。通常情况下这不是日志所要关注的问题，同理，日志也无须关注主角需要学习什么。相反，它会从外部环境和与他人的关系两个方面来阐述他们想要得到什么以及他们在行动的过程中遭遇了什么困难。理想情况下，人们会想："这项挑战多么惊险、刺激，多么有趣呀！"

如何写出好故事：

HBO 大师写作课

第二章

惩罚性

　　观众基本上都是"施虐狂"。观众喜欢看到主角在生活中经历最可怕的磨难，对主角来说情况越糟糕，观众就越投入，但对主角来讲只要有一丝成功的希望，他们也会积极地去追求。无论是恐怖片还是喜剧片，还是像汉密尔顿这样的真实故事，观众都想看人们受到惩罚的情节，也喜欢看到角色最后进退维谷的局面。观众似乎喜欢看到主人公沮丧、被击败、被摧毁、被羞辱，但又激情不减，几乎疯狂地去追求他们目标的情形。为什么会这样呢？我认为，从某种程度上讲，观众愿意为一个故事去消费，是因为这个故事中包含一些超越自我的励志事件。故事中的人物所面临的问题往往被夸大，超出了现实生活中所会遭遇的问题，而这正是故事变得有趣的部分原因。但从更深层的情感层面上来看，观众仍然沉浸在角色中，沉浸在他们为改善处境所做的努力中，观众开始揣摩，他们继续挣扎而最终获胜的可能性有多少。在他们努力前行的过程中，观众早已把自己当成了角色的一部分。

　　如果他们可以取得成功，这一情形也只能存在于故事的结局。中间部分可能会有一些积极的进展，但也只是一些好转的迹象，通常这些看似好转的迹象会伴随着更糟糕的事情发生（或者至少在提醒人们，总体来看，事情仍然相当糟糕）。没错，从故事的主线问题首次出现开始，一直延续到被编剧称之为电影第三幕的战斗高潮，他们所遭遇的问题只会越来越糟糕。重点就是他们在解决问题的过程中所遇到的困难：这就是使问题恶化、复杂化甚至更加难以解决的困难。

传奇的百老汇作家、制片人及演员乔治·M.科汉（George M.Cohan）曾经说过："在第一幕中，你让主角爬上了树。在第二幕中，你却向他们投掷石头。在第三幕中，你又把他们弄了下来。"关键就在于那棵树代表了什么，而那些石头又代表了什么。你甚至可以说"故事=主角+树+石头"。

而这正是任何代理商、制片人或主管在日志、提要或脚本中所寻找的主要内容："这个角色为什么会从内心深处打动我，他们正在努力解决的问题又是什么？这棵树要多大、多重要才能让我有感觉呢？如何才能有足够多的石头推动故事发展到应该达到的高潮呢？"

最后，编剧希望观众沉浸在娱乐中的同时能够真正关心到故事内容。只有当自己所牵挂的人物卷入到事件中，并在地狱般的围剿中极力挣扎时，观众才会无比担心。此时，他们身兼重任，即使知道会输，但一想到这对所有人都至关重要，也就不会有那么多顾虑了。就像你在喜剧中看到的那样，不管他们是正处于生死关头，还是处理平常琐事，一切都显得非常真实。

在2013年，一位为各大制片厂工作的匿名专业剧本读者制作了一张信息图表，他探讨了300部付费剧本的常见问题（其中只有8部被认为是值得"推荐"的）。大多数剧本可能是由经纪人提交的，也就是说这些剧本的作者已经克服了大多数怀有理想的作家永远克服不了的障碍：这就已经代表着专业了。不过，剧本中所设置的许多最常见的问题仍然与"惩罚性"构不成任何关系。

针对读者对脚本的评价，我们在出现频率最高的前十条评论中选取了三条：

一、"剧本里的故事开始得太晚了。"

换言之，在合适的时间点并没有发生牵动人心的故事，也就相应不会有主人公拼命解决问题的情节。我经常看剧本，一般情况下第三幕，也就是故事的高潮部分，会出现巨大的困难，但在此之前，一切毫无波澜，没有让主人公因深陷围困而为之绞尽脑汁的任何危急情况出现。

二、"这些场景中不存在任何有意义的冲突。"

在场景层面上，并没有足够的困难和冲突来推动故事中的主要问题进一步发展。通常情况下，场景的布置要在这方面下功夫。如果没有发生有意义的冲突，这个"概念"可能会有更大的问题，最好的故事会提供无尽的场景让观众感受到危机，只要故事不结束，危机就始终存在，并且会愈演愈烈。

三、"冲突无关紧要，或仅仅昙花一现。"

这是故事的主要问题不能吊起人们的胃口，也不能将矛盾持续推进的另外一个原因，我们也可以理解为主人公在解决问题的过程中所承担的风险太小，也就没什么悬念可言了。

所以即使是专业作家提交的脚本，里面最常见的两个问题仍是缺少"冲突"或问题（也称为"故事"）。通常情况下，故事中没有一个足够大的问题可以让整部电影将重心都围绕着它进行展开。

"惩罚度不够"是我在读过数百个剧本后，看到的最普遍的弱点。更常见的是，主角在试图解决问题时，整体问题并没有那么突出，或者说难度上不够大。就他们面临的问题而言，事情的"复杂程度"还远远不够。

如果你仔细观察的话，会发现即使是轻喜剧中的角色，也可能历经某种磨难并一直在尝试将之摆脱。不管一路上发生了什么好事，他们总会遇到这些问题，来阻碍自己获取快乐，这就是故事的重点。

困难程度

　　成功的故事往往集中在一个早期出现的大问题上，直到接近尾声才得以解决。主角正是要把他们所有的精力都集中于解决这个问题，而不只是按部就班地过日子，他们会积极参与其中。这就是我们的观众所能看到他们做的事情：参与。

　　如果几乎在每一个场景中，主角都在积极地尝试解决自己所遇到的问题，并去尽力实现自己的目标，那么话说回来了，这个问题的本质是什么呢？又是什么让整个问题直到故事结束才得以解决呢？

　　当然是问题的困难程度起了决定性作用。

　　很多故事都会被绊倒，就是因为这个问题的困难程度不足以支撑整个故事的发展。整个竞技过程中，没有足够的构造、足够的发展，也没有足够的变化。就不断加剧的冲突与持续的复杂性而言，主角并没有在用他们的行动来影响局势，导致局势发生变化，但他们又必须要面对整个过程中随时出现的新情况。

　　一个可行的故事，其核心想法围绕着一个棘手、难以解决的问题展开。随着故事的发展，解决这个问题的挑战变得越来越大，也越来越重要。

一则优秀的日志应即刻传达出该原创故事的思路是如何展开的：主角如何面对一个看似不可能的挑战，在问题解决之前，他们又是如何尝试了无数种错误的解决方式。

一次事故使阿波罗13号宇宙飞船在飞往月球的途中瘫痪，然而在资源和选择极其有限的情况下，任务控制中心必须找到一种让宇航员活着返回地球的方法。

——《阿波罗13号》

三个伴郎在拉斯维加斯的一个夜晚，酒后不幸弄丢了他们即将结婚的伙伴，对于发生了什么他们已经不记得了，但是为了能及时找到他参加婚礼，他们必须尝试回头去寻找。

——《宿醉》

这两个例子在类型上是截然相反的，但都表明了即将迎接的挑战是多么困难，任何看过这部电影的人都能记得，主角在试图追求自己目标的时候，受到了怎样的惩罚。

即使在喜剧中，主人公所要做的事情在他们看来仍然是困难重重的，甚至超出了他们自身有限的能力。面对手头的任务，他们显得并不从容，完全被困难压制住了。他们想要达到的目标似乎不太可能实现，但看着他们不断地努力着，我们可以想象到这得有多么有趣。

成功的电视剧也是如此。这些角色几乎一直以某种方式处于被围攻之中。他们想要完成的事远远超越了他们自身的能力，但是他们永不言弃。不同的是电影（书和舞台）中的人物通常在故事的结尾就达到这个目标了（除非是悲剧），然而，电视中的角色只能够解决一些短期的危机，却永远不会真正得到他们最想拥有的东西，这一点无论是《硅谷》中对一家成功公司的所有权，还是在《权力的游戏》中对他们神秘土地的控制权都有所体现。每一集都会出现新的困难来对主角造成困扰。（稍后将在本章的"电视"部分详细介绍此内容。）

所以，当我们在寻找一个故事（或系列）的创意时，我们真正要寻找的是一系列问题，而不是任何挑战角色的某个单一问题。

我个人为此奋斗了多年。我第一次尝试写剧本时，就因缺少"矛盾冲突"遭到了批评。我认为冲突意味着人们打架，但是我最喜欢的电影里没有打架和争吵这些情节。最终我才意识到真正的"冲突"意味着，有些人为了自己永远得不到的东西而努力拼搏，有些人为了实现自己的目标而努力与险恶的生活做斗争。没错，这个过程通常会导致人际关系问题，即角色试图让其他人做自己想做的事，但也并不等同于两个目标迥异的人想要将对方打倒。

反而更像是困难。在最强大的故事里，困难是永恒的，它们在不断地生长和进化。当困难停止增长（甚至看起来已经解决）的时候，紧张就随之停止了，观众也就没有理由继续对故事提心吊胆了。

在我看来，赢得观众的青睐是每个作家的首要目标和挑战。"我为什么要关心这则故事呢？"这是我写任何东西最害怕的地方，因为这是我们最重要的目标，也是最难实现的目标。"对故事情节不关心"的读者通常不会当面这么说（谢天谢地），但不幸的是，这是他们对没有感觉的作品最常有的感受。这会让他们放弃这部作品。

难道不是这样的吗？我们是想关心这部作品，但如果我们关心不起来，我们就只好退出了。

那么，又是什么让我们对故事内容表示关心呢？我们看到一个人，觉得他与某个大问题的解决存有某种联系，于是我们全身心地倾注于问题解决的过程，渴望看到最终的结果，以至于这件事就像发生在我们自己身上一样，似乎可以感受到这个问题得以解决的困难程度。

优秀的故事就像一场完美的竞技

这些年来，我一直是各种运动队的"粉丝"，我喜欢看自己支持的队伍参加大型比赛。有一次，我突然警醒，意识到这种娱乐体验与在媒体上观看影片、阅读一个优秀的故事的体验相似度非常高。

为了让体育赛事最吊人胃口，为了让我紧紧盯着电视屏幕，现场必须存在某些要素：高风险、引人入胜的幕后故事、可代入的情绪、一个了不起的对手、跌宕起伏的情节，一直到最后，一场胜利作为完美的收官之作。对我支持的球队来说，这是一场艰难的战斗，整场比赛下来，他们看起来都没有赢的可能性，一直到比赛结束，才大获满贯。

描述一部伟大的电影、书、戏剧或电视剧难道不像是描述一场大型竞技比赛吗？我第一次有这样的洞察力是在连续读了好几个剧本之后，这些剧本中的英雄似乎都太容易获胜了，他们在第二幕中就能够取得很大的成功，很显然，要比他们的对手强太多。在思考为什么这些情节不会引人入胜时，我突然想起了自己最喜欢的NBA球队（当然是湖人队）全场以20分的优势获胜，而另一支球队却远不能及。正因如此，我才懒得继续看下去，因为结局一目了然。

当我在仔细思考这个问题时，我列出了一个清单，列出了我们在"优秀的竞技场"中所倾向于寻找的七种特质，我认为这些特质同样也适用于一个"优秀的故事"：

一、这场比赛无比困难，他们面临着强大的对手，但又似乎势均力敌

最好是主角不会轻易获胜，也没有理由让人们相信他们会轻易获胜。当我们看到有人站起来充当大卫和歌利亚战斗的时候，要比看到故事中最强壮、最有能力的人出去作战更令人兴奋。即使是超级英雄也需要强大的超级反派来将他们打败，而且要让他们看起来只有在故事的最后一战中才会获胜。在每一种可行的体裁中，抵制主角实现其目标的力量似乎始终占据着上风。（换句话说，斗争就是"惩罚"。）

二、每个球员都有一个引人入胜的背后故事，这个故事涉及某种他们所处的逆境和自身积极的品质，正是这些把我们紧密联系在了一起

这就是为什么奥运会的报道会包括运动员比赛前在家乡环境中的拍摄片段，这对于加深我们对运动员的了解起到了很好的作用。真人秀节目也经常这样做。一个大型比赛如果可以涉及一些和观众相关的、情绪化的、可以赋予我们更多意义的人文元素，那就再好不过了。在一个好的故事里，我们同样需要这种强有力的东西（即理由）来与主角取得某种联系，甚至在角逐还未开始的时候我们就已经对主角有所了解。

三、这场比赛的价值再高不过了，这是一次千载难逢的机会，一次可以永远改变球队命运或球员生活的机会

专业读者总是会看故事中的"风险"。这里能否让观众感受到存在足够的风险呢？我们可以想象一下这样一个伟大的故事：它通常记录了一个角色生命中最重要的转折点，而这个转折点将会永远改变他们的命运。如果他们解决了这个问题，生活通常会好得多，但如果他们不这么做，情况就会更糟糕。所以解决问题真的很重要。而与之相关的重大事件正处于岌岌可危的状态里。

四、"主队"非但没有在比赛中提前建立起一个巨大的领先优势并保持住这个优势，反而发现自己面临着始料未及的困难和更加复杂的局面

一个明星球员受伤了，另一个团队已经做好准备，来应对我们团队所带来的问题，并有效地对这个问题进行了处理。对手的失误、错误和精彩表演都会给他们全部的动力。在最好的赛事（故事）中，我们的团队（主角）大部分时间都在输球。事情变得越来越糟，直到他们似乎没有任何胜算的可能。

五、团队以激情和毅力从无数危机中振作起来，继续追求自己的目标

他们有时会怀疑自己，但他们从不畏惧任何一个挑战。他们利用现有的一切快速进行自我调整，尽管遇到了问题，但他们仍然在比赛中不断努力着。同样，我们的团队或主角也在继续努力解决他们的问题，尽管他们所付出的大部分努力都起不到任何作用，甚至还会导致情况越来越复杂，自身面临的困难越来越巨大。

六、然而，当事情接近尾声时，他们发现自己已经明显落后了

在接近尾声的时候，一切都会显得毫无希望，甚至迷失了方向。他们的努力还远远不够。但是这时候，一些新的想法、新的希望和新的计划会应运而生。然而，即使是这样，最终的目标也不容易实现。他们重返的目的不只是要将对手击败。随着一次又一次的决斗，一次又一次的溃败，紧张的氛围不断蔓延直至达到最后的高潮。随着对手在第九局上来了个满垒打以及另外两队被淘汰后，他们已经垫底了……

七、我们的队伍后来居上，只差最后的冲刺了

最后，他们能够深入前进，完全意想不到自己竟然会有这么高的水平。没错，他们在某种程度上找到了自己最好的一面。神奇的是，他们不顾一切，在最后一刻站了起来，继续向前冲刺，整个场面扣人心弦。这场胜利以令人满意的方式化解了所有的紧张局势，让我们感觉正因如此，我们才会对自己所支持的队伍爱得这么深沉、这么牢固。（甚至某些时候，他们若是输了，我们就如同经历了一场悲剧。）

所以，让我们回顾一下。其实最好看的比赛往往是那些自己所支持的队伍在比赛的过程中历经了各种艰难险阻后才取胜的赛事，在这个过程中，他们已经将观众与自己紧紧联系在了一起。这个故事的原创性就在于这场比赛从来没有发生过，即使在某些方面与过去的一些比赛类似。当然我们对这场比赛毋庸置疑，因为这源于一场真实发生的比赛。鉴于这些风险似乎改变了人们的生活，所以在娱乐性层面上来说，非常值得一看。而对于超级"粉丝"来说，这场比赛的意义会出自更深的层面。

这些特质适用于跨文化的体育运动（以及喜爱它们的观众），也适用于故事。它们似乎是我们作为观众最需要的普遍要素，以便在"比赛"中发挥最大的推动作用，有时它们也会自然而然地出现在体育赛事中。（如果这些要素没有出现的话，那就显得格外无聊了。）作为作家，我们必须把这些特质带到自己的写作中去。但它们不会凭空就出现在故事里，而是需要我们的创造性行动将之带入。

改编真实故事

如果我们看看现实生活中所发生的事情，会发现剧本中的情节很少像这样上演。这些生活情节不具备我们所定义的故事结构。剧本故事可能会对"故事中出现的问题"有一定的标准，但通常需要一个作家对其进行整理、编辑、操纵、夸大、添加和虚构，以便让"历史"的相对混乱性呈现出"故事"的别具色彩。

然而，真实的故事总是被视为潜在的素材。在作家看来，这些真实发生的事件似乎更容易成为自己的笔下之物，因为事实让他们的发挥有所依据，也有所隐藏。事实上，你没有那么多创造性的工作要做。或真或假，至少看起来是这样子的。

我在加州大学洛杉矶分校创建了一堂名为"寻找真实事件中的故事"的课。在这门课中，学生们的任务并不是专注于写剧本。在我们相处的十周里，他们甚至连剧本的开头，连每一幕的大纲都没有。相反，我们会将全部精力都用于评判他们想写的一段历史中是否存在一个可行的电影故事，以及我们该如何基于概念和基本结构将其演变成一个故事。

　　故事中，主角的设定很清晰，他们面临一个非常特殊的问题，一旦他们开始着手解决问题了，问题就会变得越来越糟糕，直到最后的"角逐"才能将问题完全解决。起初，我觉得这么设置还远远不够，"现实生活"中通常不会这样发展，所以这时候就需要作家起到不可替代的作用了。

　　学生们经常会展示关于一个人的故事，以获得一些有特殊价值或令人印象深刻的东西。我通常会用两个主要问题来给出建议。第一个问题与故事中要实现的目标有关：为什么他们要实现的这个目标如此重要呢？如果他们不这样做会怎么样呢？如今的观众会非常在乎他们是否能达到自己的目标吗？如果观众会很在乎，那又该做何解释呢？（关于这一点的更多介绍，请参阅"改变命运"的那一章节。）

　　第二个问题是：实现目标的过程有多艰难？一般而言，学生们要想把一个伟大的成就写成一部电影，只有当想要达到这个目标必须经历一场地狱般的战斗时，当主角似乎永远没有获胜的希望时，当尽管付出了无尽的努力，这个目标也貌似遥不可及时，才会吸引观众。与其说是这个巨大的成就本身让它成为一部电影，不如说是一个险象环生的过程，以及观众对整个过程中的艰难险阻感同身受成就了这部电影。

　　《阿波罗13号》（我很荣幸获得"汉克斯先生助理"这一称号）是一个很好的例子，它似乎包含了所有必需的问题元素。当受损的太空船试图返回地球时，情况变得越来越糟糕、越来越复杂，同时所采取行动的重要性、困难性以及高风险性也在不断增长。

　　《逃离德黑兰》似乎是另一个很好的例子，在激动人心的"最后一战"中，大使馆工作人员通过德黑兰机场，在没有被伊朗人发现的情况下，乘坐飞机安全抵达。但是你猜怎么着，事实上，在机场并没有发生真正的"战斗"。他们的计划顺利实施，他们径直走向飞机，没有发生任何意外，也没有任何人对他们表示质疑。他们不必对自己在电影摄制组中所担任的角色做出相应解释。他们的机票没有被取消，只是需要重新恢复。这里并没有其他人在追飞机。

　　但那部电影会是一个怎样的结局呢？电影制作人决定，与其把事情原封不动地表现出来，不如基于真实事件，除了把有关人员（和观众）内心中最大的恐惧描绘出来，还要把他们最终逃脱的悬念和历经的困难添加到故事中。故事的基本情节在历史上是真实的，包括他们最终的逃跑和隐藏的故事。这部电影只是让真实事件变得更加有挑战性了，至少在最后一幕中是这样的。我们也许可以发表争论，作为一部历史题材的影片，这样做会不会让电影缺少可信度呢？但很难说，它不会成为一部更强大的电影。

　　这是专业作家通常对真实故事要做出的改编，就像他们写虚构故事一样。这样做不仅仅是为了让故事达到高潮。通常，当一个人真正在分析某一历史素材能否改编成电影时，其实很难找到需要整个故事来解决的"那个大问题"，因为在现实生活中，我们所面临的不只是一个问题。我们生活中的方方面面会有各种不同的问题，但并不会以电影中的那种方式发展。通常情况下，作者在创造一个故事时，要精心安排叙事结构，而不是仅仅展示发生了什么事情以及将要发生什么事情。

但即使我们发现了一个值得关注的、明确又具体的目标，实际发生的事件往往也无助于我们确保主角一直向着自己的目标前进，毫不动摇，当然我们也不能确保主人公遇到更为复杂的情况时只针对自己目前的处境。大多数情况下，现实生活并不是这样的。

如果这是一个虚构的故事，很明显，人们需要向观众提供一种让故事不断向前发展的动力源。但对于一个真实故事的改编，编剧们往往认为，即使情节构建得不到位，抑或是没有聚焦于主角积极解决问题的层面上，也会因为这些真实事件是历史的重要组成部分，况且他们也已经完成了自己的本职工作，让观众打心眼里对这个故事感兴趣，会对某些不尽如人意的地方表示宽容。

可我认为通常情况下观众不是这样的，他们对改编的真实故事也不例外。我是通过为一些历史项目写专业性的剧本慢慢体会到这一点的。我从这些经历中得出一个道理，作为作家，我们的工作不是抄写历史，而是在这段历史中"吸取精华"。找到我们想要讲述的故事，然后创造性地把这个故事讲述出来。我希望，我们传达出的历史故事在精神上，甚至在许多细节上都是真实的。但这个故事仍然是属于"我们自己的"。因为只有我们才会这样去写。

不管讲述何种故事，"真实"与否，都需要大量的创造性工作。一方面，故事中的每一行对话几乎都是我们自己编造的，因为历史书并没有告诉我们明确的对话（我们只好基于现实生活去编造）。历史书也没有告诉我们任务中的动作与对抗性的情节，所以这些都是编剧在创作场景时需要自己考虑的。

所有这些都迫使作者做出自己的选择，这通常意味着，在某种程度上，会与真实的故事有所偏离，同时也会与灌输到作者头脑中的"真实"事件有所不同。

我从作家兼制作人格雷厄姆·约斯特（Graham Yost）那里第一次学到了这种方法，当时我们在一起合作写《从地球到月球》和《兄弟连》这两部迷你剧，那时他就在使用这个方法。他首先要熟悉自己承担的写作任务是关于什么历史题材的，研究过后，他就要决定讲什么故事了。之后，他会一气呵成，不会让整个过程拖泥带水。当他有了一个自己喜欢的草稿可作为故事时，就会回去对照研究进行审查，看看究竟与真相偏离了多少。通常情况下，这个底稿无须做过多变动，与事实基本吻合。他所拥有的是一个基本成形的故事，未来只需要在这个基础上稍作调整即可。

我强烈推荐这种方法，而不是我以前使用的那种更为典型的方法，在之前那种方法中，作者会沉迷于历史资料，他们要在写作和研究之间来回奔波，为了能提供一个完整的故事，他们对自己所编造的任何东西都感到紧张兮兮。

无论一个故事的构思是基于事实，还是受到事实的启发，抑或是完全出于虚构，这个过程大体上是一样的：首先，也是最重要的一点，我们要挑战自我，试图让主角去解决一些问题，他们不断地努力，却遭遇一次又一次的失败，直到最后才获得成功。

电视节目及其"内部冲突网"

　　电视上的故事与我们在书中、电影中、戏剧中，甚至是"限定剧"或迷你剧中所发现的单一、封闭式的故事有一些根本性的区别：

　　一、在电视剧中，各种问题层出不穷，所以无论困扰角色的核心问题是什么，只能到剧终的时候才得以解决。因此，他们的生活在短短半个小时的剧集中，无论是出于外在还是内在，都不会发生明显的"改变"。

　　二、连续剧不仅是"一个故事"，而且是一个传递系统，来传递一个个潜在的小故事。就这一集所特有的具体问题而言，每一部分自身都需要有一个开始、发展与结束。这些问题需要以某种方式得到解决，以便每个小时或每半个小时都可以呈现出一个完整的小故事，即使那个推动整个连续剧发展的更大的问题尚未解决。

　　三、电视更像是一种集合媒介。大多数连续剧每集都有好几个"故事"，而且每个故事都有一个不同的"主角"，他们会来处理本周所聚焦的不同问题和目标。这就意味着，一个系列剧中的诸多角色必须就他们是谁以及他们所面对的问题是什么来与观众产生某种联系，只有这样，观众才会更多地倾注于角色，倾注于搞清楚究竟发生了什么。（相比之下，大多数电影只有一个主角，观众会从他们的角度视察一切。）

在这个系列剧中，我们所铺设的是一个庞大、综合，且充斥着各种问题的局面，它会让所有角色受到影响，而且这种情形永远不会完全得以解决，也许直到最后一季的最后一集才能解决。

电视剧所面临的挑战并不是仅仅通过一个问题来使主角有辨识度，也并不是以此让主角得以成长。相反，在电视节目中，重点是需要找到一群相互之间彼此关联的人，这群人会不断遇到与观众相关联的问题和冲突，他们可以找到部分解决方案，但绝不会让他们的生活发生巨大的变化，也不能让主要问题完全得到解决。

与电影一样，构思出角色会遭遇到何种可怕的惩处，是任何一种系列剧的关键前提。电视中的角色通常会因为与其他角色间的关系，以及他们在试图解决问题、实现目标的过程中所涉及的人际互动而受到"惩罚"。

《摩登家庭》的创作者与制作者之一史蒂夫·莱维坦（Steve Levitan）曾经提出过一种写作技术，通过关注人物来开发系列剧的立意。特别是当他谈到喜剧时，但我认为他的这种创意生产过程对戏剧同样也有效果。

他建议我们任意选取两个角色置于潜在节目中，仔细考虑他们的基本生活状况。他们是谁？他们有着怎样的个性？他们遇到了什么样的问题？他们处于世界上的什么位置？

他以《干杯酒吧》作为例子，一个事业到头的退役运动员经营着一家酒吧，他是一个很有魅力但又很肤浅的男人——对自己的生活毫无意义可言。该剧的主创人员随后又在剧中增加了一位受过高等教育的精英女性，她有点看不起这些人，但却被傲慢的未婚夫甩了，只能在那里当服务员。

每个角色的形象都很鲜明，很容易就能想到，而且各个人物之间的互动听起来真的很有趣，非常吸引观众。

但接下来才是关键。莱维坦说要在这两个角色之间画一条线，这条线代表了他们之间的动态。从本质上讲，这条"线"就是指表演。换句话说，这种关系（和其他关键人物的关系）中固有的冲突是该系列剧中主要故事的引擎和概念的核心部分。（除非这是一个关于解决谋杀事件等类型的"程序性"节目，但通常这类节目也是在角色层面上运作的。）

所以，我们所要寻找的是两个特定的角色在对戏的时候发生了什么。观看两个角色间的互动有什么好玩的呢？对于其中一人或这两者来说，他们之间的互动是如何导致问题发生的呢？再者，两人之间的互动又是如何揭示他们各自的基本问题，以及心理和生活中的一些大问题呢？

要想实现这些，就要做好相应的准备工作，还可能会涉及头脑风暴。但莱维坦的建议是，只要你没有得到切实可行的成果，就千万不要停下来。我们正在寻找的是一种维系双方关系与情感的动态。我们非常期待这两个角色之间可以产生固定的联系，这样就可以衍生出一系列的场景和故事。

一旦我们确定了这一点，我们就会开始选择另一对角色，然后开启同样的工作。当我们把所有的工作都完成后，各个角色之间的关系也就确定了，此时各个画面仿佛生动地浮现在眼前。所有的画面组合到一块，就是一部完整的剧作。它们有可能成为系列剧中的喜剧或制作水平比较高的戏剧。

《摩登家庭》就是这样制作出来的，可以说这是当时最成功的喜剧片。想想你在创作准备过程中付出了多少！这部剧，起初会有十个人物频频出现。当然，他们中的一些人并不经常与其他人互动，但是编剧花费了好长时间去构思有趣的情节让每个人之间都有所互动。

剧中有一个族长，他有一个年轻漂亮的妻子，他的妻子有一个儿子。而且这个孩子和他的母亲、继父之间有着非常特殊且有趣的关系。如果你把他的儿子曼尼，和他漂亮的（更年长的）女儿放在一起，你会发现另外一个有趣的情节：曼尼特别喜欢她。如果你把族长和他的女婿菲尔放在一起，你又会发现另外一件事：这个男人试图让一个永远不会尊重他的人对他留下深刻的印象。如果把菲尔和族长年轻的妻子放在一起，你又会发现一种浸于紧张氛围中的欲望。如果把族长的妻子和菲尔的妻子放在一起，就会有一场激烈的竞争，因为族长的女儿无法接受她的父亲又拥有了一个新妻子，她不想有别的女人与她一同分享来自家庭的爱。诸如此类的人际关系，你可以好好想一下。

在这一天结束的时候，这个有趣的冲突网，其实就架构了那个高质量系列剧的基础想法。在我看来，当我们开始把这个想法落实下来（甚至向任何人推销这个想法）之前，一定要投入大量时间和精力把它发展到一个非常切实可行的地步。

"惩罚性"清单

如果你的想法能达到以下这五点的任务说明，那么剧情中出现的问题就具备足够的"惩罚性"了：

1. 这是一个需要整个故事来解决的大问题。（在电视上，这根本就无法解决。）

2. 剧中的主角想要实现的目标似乎很难，但也并非完全没有可能。

3. 在主角不断积极解决问题的过程中，巨大的困难将他们逼向自身能力的极限。

4. 这些行动所导致的后果、复杂性情形和冲突，是他们始料未及的，需要采取进一步的行动。

5. 这个问题会在故事（或插曲）的中间部分进一步发展，直到一切都看似没有希望了。只有一场巨大的决战才能将这个问题解决。

如何写出好故事：

HBO 大师写作课

第三章

相关性

　　我们希望剧中的主角受到惩罚，但我们也希望以这样一种方式来讲述这个故事，即观众觉得自己对这个角色表示认同，自己对所发生的事情真的很关心。总的来说，我们要尝试让陌生人对自己从未谋面的一个人产生一种很明确的态度，也就是说他要对这个角色很有感觉。理想的情况下，不出两个小时，这些陌生人就会开始牵挂这个素未谋面的角色，仿佛对方很棘手的问题就是自己的问题。这样说其实就想强调实现这一点是多么困难，按照常理，上述情形不会自然而然地发生。

　　实现这一目标要涉及两个方面：

　　（1）使角色成为观众能够理解、同情、为之着迷、产生娱乐感或希望其成功的人。其中一部分是关于这个角色的身份，另一部分是关于他所面对的问题。他越是被其他人或某些事件击溃得落花流水（尤其是在不应该挫败的时候），观众就越容易感觉到他的存在。

　　（2）从角色的角度讲述故事，这样观众就可以完全理解并会同他们一起分享剧中的观点、情感、想做的事情以及为什么这些事情如此重要。

　　许多剧本并不会涉及以上这两点。这就会导致观众产生"主角的争议"或"观点的争议"，进而很难让观众与故事真正联系起来。

"主角"的作用

"相关性"其实是一个很温和的词，用来形容最好的故事所取得的成就：它使观众与主角融为一体，让观众体验到这一切仿佛都发生在自己身上。纵观各种类型的成功故事，无论是《风月俏佳人》《大白鲨》，还是《哈姆雷特》，观众都能体悟到主人公的感受，忍不住开始想要得到他们想要的东西。这就是在故事中"情感投入"的意义，即"真正参与进剧情中并想看看到底发生了什么"，当然，这是每个作家想要实现的目标。

要想实现情感上的投资，首先要明白，不论是从观众的关注视角，还是从学习和体验的视角，任何故事都只能存在一个主角，故事都是通过主角展开的。（但在一些电影、书籍或戏剧，以及几乎所有的系列剧中，你也可能会找到多个故事，从而找到多个主角。）主角代表了观众对这个故事的看法，也是他们最关心、最能理解的，通常也是他们最为支持的。

这意味着主角几乎会出现在故事的每一个场景中，而其他角色，除了在像《虎胆龙威》这样的电影中会出现一个简短的"切换到坏蛋"的镜头外，并没有多少没有涉及主角的单独镜头。从本质上讲，故事是主人公亲身体验的一个过程，这一切都围绕着他们所遇到的问题和所要实现的目标，以及他们面对种种困难所要采取的行动，而其他的都算不上重要。

主角一般不存在神秘感。不管他们想要了解什么，很显然的一点是，他们自己的想法和感受会时时刻刻驱使着他们前进。如果作者把这一点呈现得过于模糊，观众往往就会失去这种情感联系了。如果他们不知道自己所追随的角色在某个特定时刻在做什么，或者为什么这么做，他们就会变得非常困惑，就会对故事情节没有代入感。

最好的主角绝不是被动的。他们会积极参与到对自己非常重要的事情中。尽管困难重重，他们还是会继续前进。如果他们放弃了，或者任凭事情发展而不采取任何有意义的补救措施，那么他们就很难得到观众的关心与支持，也更难看到接下来会发生什么有趣的事情了。这则故事也就不属于他们了。观众所投资的是故事情节，而不是被扮演的角色。如果主角遇到的这个问题足够险要，值得被作为一个故事来讲述，那么它一刻得不到解决，主角就一刻也不容休息。

其他角色也会受到影响，也会对此感兴趣并卷入其中，但我们是通过主角的眼睛来观察他们，看他们是如何影响主角采取行动的。我们也会注意到这些不是很重要的角色，但一定是出于主角的视角。

如果一个故事是"客观"讲述的，观众是在"观察"所有的人物，而不是专注于某个特定的人想要什么，是何种感觉，或想要试图实现什么，在这种情况下，观众仿佛置身于故事之外，并没有切身投入故事中。这就是一些读者放弃这个故事的原因。

主观看法

我作为专业作家，写的第一个剧本是HBO的迷你剧《从地球到月球》中的一集。汤姆·汉克斯和HBO曾经给了我一个极好的机会。这完全超出了我当时的能力。我之前一直致力于写一些特别的情景喜剧，但是我不知道如何对这种戏剧性的真实故事进行改编。

但我对"故事"有充分的了解，所以我选了其中一集，其实似乎就是关于一个主角以及他会遇到的问题。我选择的这一集是关于第一个进入太空的美国人，艾伦·谢泼德（Alan Shepard），当时他的内耳出现了问题，以至于不能执行飞行任务了，他在太空飞行的机会也就此失去了。这迫使他不得不转到幕后工作，成为其他宇航员的"老板"，但由于自己无法飞行，就一直对此耿耿于怀。不过，最终，他找到了一种治疗方法，让他及时得以恢复，又能进入飞行状态了，随后他指挥阿波罗14号任务，登上了月球。

这听起来像是一个脉络足够清晰的"故事"，对吧？

没错，但当我开始写剧本的初稿时，我却陷入了研究的泥沼中，我需要准确地把每一集中主要任务的所有关键事件都理清楚，当我把剧本交给一个同样参与到该项目中，但更有经验的专业作家时，他显然没有被我这个故事触动。他这个人很好，当然不会直接说他对我的故事不感兴趣，而是说，他认为这个故事需要一个更为清晰的观点。

他不仅仅是想表达这个角色需要成为整个事件的中心，因为毫无疑问，这就是故事的中心，只是还不够突出。故事中所缺少的是，观众从主角的角度去体验他的想法、感受与内心的期待，我所描述的一切都应围绕着这个问题展开，而不是枯燥地陈述这一问题产生的原因是什么，这些问题虽然不会对主角产生什么翻天覆地的影响，却是太空迷们最感兴趣的。

这一集（和所有成功的故事一样）必须成为数百万人的情感之旅，从一开始就要让它成为主角的一部分，并要始终专注于这一点。观众只对角色的处境和他最终要完成的使命感兴趣还是不够的。真正的目标是，要让观众与自己所关心的这个角色产生某种关联性，让他们从心底强烈地希望主角能够实现这个故事中的目标。

在打了很多草稿之后，我尽可能让艾伦·谢泼德在剧本中有一种主观的情感体验，并尝试在每一个场景中都关注到主角的"那个大问题"以及他的目标是如何演变而来的，并通过角色在每一个场景中的积极抗争来确保他所面对的问题和他要实现的目标在不断演变。最终，剧本被接受了，我也由此收到了更多的写作任务。这下，我终于可以松口气了。

相关的中心事件

一个蕴含优秀创意的故事，其核心情境能让几乎每个人都感同身受，因为它探索到了人类的一些基本欲望和普遍会遭遇的困难。

布莱克·斯奈德（Blake Snyder）的《救猫咪！》系列编剧书提供了十种"类型"，可以真正帮助到编剧为自己的想法去设置最佳的情境，并确保最终会有这么一个与立意最相符的情境。他的理论是，成功的电影似乎都是由人类全部问题中的十分之一所构成的，他还给它们起了有趣的名字，比如"有问题的家伙"和"愚蠢的胜利"。

我喜欢在构思一个想法的时候运用到这些故事类型，不管这个想法是我自己想出的，还是我的搭档帮我想出来的。每个故事都集中在一个不同的类型但又极具挑战性的环境中展开，在这个环境中，我们很容易与其产生某种关联，并且每个故事都会挖掘我们作为人类所共有的一些最基本的东西。观众们要么已经融入这样的情境中，要么可以轻易想象到身处这种情境中的困难度，他们也有可能曾经做过类似的噩梦。

故事主要不是为了表现解决某些问题所体现的智力因素（尽管这

可能是一个附带因素），而是体现那些具有影响力的情感因素。这里面存在一个关键性的区别。我们的目标是让观众有所触动，而不仅仅是有所思考。观众是出于内心的渴望才愿意为了这个故事去消费的。他们希望被带领到一个情感的旅程中，在那里他们会对中心人物和故事中的困境产生共鸣。

有时，作家们会沉浸于自创的世界中，去编写一些体现智力的有趣事件，比如说，一支军队在战斗中的经历，或者他们对正在改编的真实故事进行生活琐事的汇集。但观众通常不想对这些事实和细节进行仔细分析。一个故事的核心不仅要让观众容易掌握和理解，还要让他们能够有所感触。所以要把对内心的触动作为一个重点。大多数成功的项目一般都会涉及一些基本、普遍、情绪化的东西，比如说善与恶、必须阻止的紧急威胁，以及一生才会遇到一次的挑战，而正是这些会对一个角色，以及他的生活重新定义。

八类故事问题

通常，一个成功的故事所要处理的问题基本符合以下这八点特征：

1. 我（或我们）面临着生命危险。

2. 据我所知，我的生活很可能会变得一团糟。

3. 我希望能够永久地改变自我意识，但这样的机会一生只会出现一次，非常难得。

4. 我必须把某人从一个潜在的、超级可怕的厄运中拯救出来。

5. 我必须实现那个距离我很遥远，但会彻底改变我的人生目标，但这看似没有可能实现。

6. 我必须将那些伤害、威胁无辜人群的恶霸打败。

7. 我必须摆脱让我无法自由快乐生活的可怕状态。

8. 我必须要找到那个最佳的人生伴侣，和他共度人生中最美好的时光。但是在这个过程中我们会经历巨大的阻碍。

乍一看，这个清单似乎有局限性。当然，除了这八点之外，还有一些伟大的故事，不是吗？我不太确定。但以我的经验来看，如果我们对最喜欢的书、电影、戏剧或系列剧做出真实的分析，往往会发现，在这些彼此相关的挑战中，总有这么一两件总是处于正在发生事情的核心部分。

受欢迎度

　　如果我们喜欢主角，也就是说我们把他们看作"好人"，就视为这个剧本很受欢迎。但很多作家对这个想法很恼火。他们以成功故事中较黑暗、不太讨人喜欢的人物为例，说明为什么这不是一条硬性的"规则"，反而这样的角色似乎更有趣。所以让我们就这个问题来谈一谈。有时候，我们并不是很喜欢主角，但按照以往的方式，我们如果在观影的过程中很释放，能够体会到娱乐性，对剧情中设置的风险也很满意，并且看到坏蛋受到了应有的惩罚，也就不会对剧本斤斤计较了。剧本越是不受欢迎，就越需要作家把其他要素处理到位。

　　我们以《疤面煞星》为例。在剧中，生死攸关的利害关系几乎是永恒的。尽管主人公很早就变得非常强大了（这会让观众很难保持持续的兴趣，因为我们都喜欢支持弱者），但也有其他更强大的人在威胁他。他的生活以螺旋式的方式下降，就在他开始接近被困难和危险重重围绕的目标时，我们对他会因此承担什么后果而感到好奇。我们可能不喜欢他，但我们会全神贯注地观察发生了什么。因为，剧中的风险很清晰，也很基本，没有超出我们的认知范围，所以很容易引起观众的共鸣。而且不管是在动作方面，还是在悬念的设置方面都极具娱乐性，非常符合剧作的风格。

或者，我们拿《豪斯医生》的系列剧来说，这个主角是很不受欢迎的，但他很有娱乐性而且很吸引人。他每周都在英勇救人，这一点让我们足以原谅他的另一个身份，即一个在心理上操纵和虐待他人的厌世者。其实也不完全是这样，但这有助于我们不那么厌弃他，始终对他保持关注。

我们可以想象这样一场表演，一个像豪斯医生这样的人没有救人，他也没有那么有趣或吸引观众，但还是那么刻薄。比如说他在保险公司工作，他对待每个人的态度都差不多，但并没有显得那么机智、出人意料或者说是离谱。或者，在《疤面煞星》中，如果托尼·蒙大拿（Tony Montan）的生活并没有始终处于危险之中，又会怎么样呢？这是电影的各个角色都会面临的巨大挑战。我们愿意跟随他们进入接下来的剧情吗？或者我们会想："为什么我要和这个角色在一起共度两个小时的时光呢？"

这是观众（和专业读者）对故事和故事立意的有意识或潜意识的反应，且往往要比你想象的更为频繁。这一切又回归到了"我为什么要关注剧中的人物"这个话题，所以我们必须给他们一个关注的理由，让他们从内心深处对主角以及故事发展的脉络产生浓厚的兴趣。

在某些圈子里，仅仅靠一个主角来追求"欢迎度"可能是行不通的，但在许多体裁中，这仍然是必不可少的。以爱情故事为例，在剧中，观众需要看到两个人能够坚持到底的根源。为了达到这个效果，观众必须同时爱上主角以及他们的爱情，并且觉得他们就是彼此最完美的另一半。如果我们不能对主角投入感情，又怎么会对他们的感情故事投入感情呢？如果我们不同意他们对伴侣的选择，又怎么会关心他们最终会不会在一起呢？

那么你如何才能做到让主角讨人喜欢呢？一个角色的行为会不会博得观众的喜爱，会有一个很明确的特点，即他是如何对待别人的。如果他对别人真的很好，甚至有时会放弃自己的利益，我们会立刻喜欢他。如果他很自私，不为他人着想，我们往往不会喜欢他们。

这就是《救猫咪！》的标题中所透露出的看点，其诙谐幽默地表示，主角需要在头十分钟内"救一只猫"，这样我们就想要参与到他的故事中去了。但他不能只是做些很容易做的好事。实际上，他出于某种原因不得不放弃自己想要的，去帮助别人。当他那样做的时候，我们也就开始喜欢上他了。但当他做相反的事情，只专注于他想要的东西时，我们就会想："我为什么要追随这么一个角色呢？我为什么要关心他将要面对的一切呢？"自私自利的主角，观众是不会追随的。

在现实生活中，人们有很多方式变得讨人喜欢，当然也有很多方式变得惹人讨厌。但毕竟故事不是真实的生活，观众与主角的关系非常特殊、非常脆弱。为了吸引人们的关心，这个角色通常必须要具备特别的同情心和亲和力。如果他不是英雄或者并没有面对巨大的问题（并且在任何时候都不是那么引人入胜、有趣），那么他易于相处的特质就显得尤为重要了。

在大多数商业性的成功故事中，即使是面临生死关头的主要人物，通常仍会有针对性地被描绘成富有同情心或者讨人喜欢的人物。就拿《星球大战》或《哈利·波特》来说，里面的主角往往会处理那些风险极高的事件，而且会被赋予英雄主义色彩，对于观众来讲，这是非常有意思的，即使主角不是很讨喜，人们也能接受。尽管如此，剧终的时候，作者还是会让他们变得非常可爱。想象一下，如果这些电影的主人公是一些自私的混蛋，但仍然会做所有英雄会做的事情，并且面对死亡时毫无畏惧，那么这些故事会不会像人们所喜爱的那样呢？

我们也考虑下以下这些电影的主要角色：

《我是传奇》

《甜心先生》

《疯狂教授》

《为奴十二年》

《地心引力》

《毕业生》

《王牌大贱谍》

《第六感》

《魔法奇缘》

《拜见岳父大人》

　　这里有各种类型的电影。但在我看来，所有这些主要人物的表现方式都让他们非常讨人喜欢，还可以引起观众的共鸣（尽管也有一些缺点）。当写作陷入疑问时，让角色变得更容易被观众关注，通常是非常值得去做的一件事。你在那个方面，基本是不能犯太多错误的（除非这个角色变得无聊或令人难以置信）。

　　但是，对于作家来说，往相反的方向进攻，往往是很容易也很常见的，即所呈现出的主人公不具备一丝一毫吸引观众的素质。

角色的成长历程

作家常常创造出一些不太讨人喜欢的人物，他们自私，对别人不好。作家的想法是这些人物最终会弃恶扬善，归入正途。因为，主角不就是应该在电影的整个进展过程中获得成长和改变吗？的确，最好的故事对主角来说往往（但并不总是）会有一个重要的成长历程。最终，他们通过某种方式成为最好的自己，也解决了他们人生中的一些大问题。没错，这意味着他们必须以"一个不完美的自己"来开启这部电影。

但是，如果你的主人公最开始以一个自私的混蛋形象出现，并且他在某种程度上伤害了别人，读者就会觉得与他们没有足够的关联，从而不想继续去了解这个故事。

但也有少数电影是以一个"混蛋"作为开篇主角，还大获成功的。这些影片的关键在于，通常一个混蛋通过一些外部力量的干预，不可思议地变成一个更好的人。《大话王》就是一个很好的例子。影片的主人公被刻意设置成这样一个角色，他对别人不是特别好，因为整部影片的重点是要通过一个魔咒迫使他说出真相，从而使他变得更好。这就是以一个"混蛋"为开头，还大获成功的影片。也确实是一个例外。(《圣诞颂歌》算是另一个例子。)

但即使是在《大话王》里，你也会注意到金·凯瑞(Jim Carrey)这个角色一出现就对他的孩子真的很不错。他身上的问题只是在于他这个人特别不靠谱，总想逃避现实。但每当他出场的时候，他又是一个伟大、慈爱的父亲。所以，即使在这部关于"一个混蛋的自我救赎"的电影中，电影制作人也会从一开始就不遗余力地赋予他一些积极的品质，比如他与儿子之间的互动，对儿子的宠爱。

而且，我们看到这个角色时，会感觉非常有趣。这部电影从一开始就很搞笑。更重要的是，在这部电影中的大部分时间里，他始终会被生活折磨得遍体鳞伤。虽然这些磨难不至于危及生命，但他会不断受到各种各样新的围攻。当主人公因为不好的行为而受到巨大的惩罚时，我们更容易原谅他，几乎每次都是这样。另一个例子是《摇滚校园》，剧中杰克·布莱克(Jack Black)这个角色一开始很自私。尽管如此，他还是一个受到不好待遇的弱者，这有助于观众站在他这一边。同时，他也很搞笑。但关键是，情况很快发生了变化，一开始他总是欺负其他孩子，后来这些孩子也能从他那儿得到帮助。

我喜欢把主角的缺点(他们在转变过程中，会如我们希望的那样，克服这个缺点)看作他们"表现自己"的一种方式——他们通常以此思考自己可能会遇到什么。正是因为这个缺点，他们不会去帮助别人，但他们通常也不会以我们在电视上看到的那种方式去主动伤害别人、严厉地谴责别人。相反，他们在生活中处处妥协，不知何故，他们并没有站起来去直面阻碍他们前进的内部障碍。电影中来自外部的巨大挑战将迫使他们经常面对这种情况，所以不得不做出一些改变。但这些人绝不是彻头彻尾的混蛋！

例如，请考虑以下主角的缺点：

· 《星球大战》——卢克既不相信自己，也不相信武力。

· 《长大》——乔什不能接受像小孩子一样的生活。

· 《生活多美好》——乔治梦想走出贝德福特过一种伟大而成功的生活，但这种心理却令他对已有的幸福视而不见。

· 《上班女郎》——苔丝并不自信，也不相信在斯塔顿岛以外可能会过上更好的生活，拥有更好的事业。

· 《卡萨布兰卡》——里克对什么都不相信，也没有任何追求，他只是过着自己的日子，对任何事不闻不问，也不与任何人交往。

· 《致命武器》——里格斯因妻子死亡而自杀。

· 《律政俏佳人》——埃勒一直以联谊会公主的身份过着隐居的生活，她既不想提升自己，也不想做其他任何事情。

· 《梦幻之地》——雷与他已故父亲之间并没有得到真正和解。

· 《几近成名》——威廉认为摇滚明星很酷，希望得到他们的认可。

有没有注意到上述这些例子有一个共同的特点呢？这些角色中的大多数都可与观众相关联，甚至非常讨人喜欢，但他们所坚持的小众生活方式（或者说是幻想），最终并没有得以实现。他们并没有以最成熟的方式，健康地活着或是获得自我实现。他们需要努力成长来成为最好的自己，让自己能够尽到最大的努力，做出最大的贡献，尽管这个过程会很恐惧，也会充满诸多困难。他们的转变历程是关于如何"过上最好的生活"，而不是"学会对别人好"。

以我的经验来看，初出茅庐的作家往往过于执着于角色的改变过程和自身缺陷。由于过于努力，反而不能为主角提供有效的成长空间，以至于他们在电影开始的时候就没有博得相当的同情心，接下来就很难改变这一初印象了。

我还想说，在很多成功的电影中，主角并没有经历曲折的改变历程也没有缺陷，但是主角还是必须要做出一个重大的改变，让自己在剧中变得更加完美。

我们跨越多个题材来看一些比较有代表性的例子：

《四场婚礼和一场葬礼》

《美国之旅》

《为人师表》

《逃出绝命镇》

《谍影重重》

《我为玛丽狂》

《情到深处》

《虎胆龙威》

《后窗》

《永不妥协》

　　有许多不错的故事中，主角基本上从头至尾都是一个正面的身份，虽然他们在某些方面也获得了成长，但在最后并没有什么实质性的改变。所以，我的建议是不要把"主角曲折的成长历程"作为写作的首要任务，尤其是不要让你的角色一上来就以某种方式伤害别人。解决这个问题的一个更好的方法，就是关注他们最好的生活应该是什么样的，以及他们为什么还没有拥有这样的生活。这往往与某种"创伤"有关，这种"创伤"会牵扯到他们看待自己的方式以及他们眼中认为可能发生的事情，从而令自己过着封闭、不甚理想的生活。

开篇的目的

    不管故事是何种构思，我们的主人公都有一个起点——他们的生活现状。这一点在日志中要有暗示，并且要在概要中很快给予描述。对于一些堪比"催化剂"的事件（又称"煽动性事件"），在介绍故事的主要问题之前就要引出，这是开篇所要描述的主要内容。

    这些开篇内容对于吸引读者去关注人物至关重要。它们可能是唯一能被阅读到的页面。如果剧本好不容易得到了一个审阅的机会，但是这些内容没有立即吸引到忙碌的业内专业人士，那么剧本很可能立即遭到否决。

    大多数编剧都意识到了这一点，他们试图对这个关键的开始部分以最好的描述、对话、娱乐价值，以及整个场景的写作来进行包装，这么做非常有意义。另外一个常见的建议是，你应该直接切入主题，让一些引人注目、情绪化、充满冲突和奇观的事情立即展开、发生。

    我认为这是一个好主意，但同时有一点也很重要，编剧要让剧本的开篇实现一个更为重要的功能，即在用触动读者内心世界的催化剂事件引起他们的猎奇心之前，要建立一种相关性，让读者对主角表示理解、感兴趣，并且让他们愿意从内心深处持续地关注角色。

要做到这一点，我们必须在比较广的层面上对人物和他们的生活进行介绍。这点需要不少时间。如果我们主要关注的是在开篇试图用一些重大事件来"吸引"人们的眼球，或者过于频繁地去介绍其他角色，那么当"催化事件"出现的时候，读者可能会发现他们还没有对主角和他们的世界有足够充分的了解，还不足以真正参与其中。我经常在剧本中看到这个问题。

与其说是"抓住"读者，不如说是把他们吸引到故事的世界中来，让他们了解故事的中心人物，这样他们的好奇心就被激发起来了。较为理想的情况应该是这样的，不管中间会展开怎样的故事情节，我们只需在故事开头说明主角是谁，他们的生活状况是什么样的，以及为什么读者应该对他们感兴趣就可以了。换言之，这是在催化剂事件触动他们之前，对他们自身生活现状的展现。

《拯救大兵瑞恩》中"最抢眼"的一幕是，士兵们冲进了奥马哈海滩。这是一组令人痛心且难忘的镜头，画面直接把战争的恐怖带到了生活中。如果我们事后再去分析这组镜头，就会发现在发布寻找大兵瑞恩的任务之前，这只不过是在介绍米勒上尉是谁，他一直在忙于处理什么。在真正的故事开始之前，这部电影对他令人兴奋的"生活现状"以一个特别的方式呈现出来。

剧本的前十页的内容充满了乐趣与一些蕴含着高度冲突的素材，但我相信这些应该只是主角在他们现有的正常生活中所处理的一些事件。比如《假结婚》中为黑帮老板桑德拉·布洛克（Sandra Bullock）

工作的瑞恩·雷诺兹（Ryan Reynolds），《甜心先生》中身为体育经纪人并逐渐获得良知的汤姆·克鲁斯（Tom Cruise），或者《魔法奇缘》中，来到纽约市之前，仍然充满活力的艾米·亚当斯（Amy Adams）。这一部分是看似平常的生活内容，但却是富有适合改编的催化性事件。首先，我们必须强行将现状戏剧化，这样读者才能带着情绪进入故事去关心到底发生了什么。

这意味着要交代清楚（不仅仅是在对话中谈论）他们的生活状况、职业、社会生活、家庭和朋友以及各种浪漫的关系。这就要对他们在生活中如何度过自己的时间，他们的生活专注于什么，以及他们的生活中还会涉及哪些人物做出戏剧化的处理。

我们要清楚主角从哪里开始出场，以及我们想展示出有关主角的哪些方面，以便让观众快速了解主角，这是理解这个想法的关键一点，同时也是任何故事的开篇都要阐明的一部分，但这部分对篇幅长度不做要求。这只是一个起点。

因为故事的开篇对剧本的其他部分来说起决定性的作用，所以让读者接触到主角是至关重要的。这就意味着，他们最重要的感情、生活愿望和整体冲突几乎要立即摆在最前端和中心的位置，必须毫无遮掩、一目了然。理想情况下，在催化剂启动故事之前，读者就会被主角所吸引而产生浓厚的兴趣，观众开始喜欢他们，甚至开始关心他们。

如果我们能在剧本前十页中把这些都写出来，毫无疑问，观众肯定会继续读下去的。

我们为什么关心《黑道家族》的托尼·瑟普拉诺

　　在任何故事、任何媒介中，观众都需要一个理由来与至少一个角色建立联系，对他们正在经历的事情表示认同，并在他们试图解决问题的过程中深入投入故事中。电视节目也是一样的道理。

　　但是如果你正在写一部以反英雄为中心的黑暗戏剧，就像现在很多作家想做的那样，又会怎样呢？"共鸣"的规则仍然适用。如果这些角色传统上不讨人喜欢也不富有同情心，那么他们至少需要面对一个足够大的问题才可以，只有这样才会让观众忍不住与他们建立某种联系。

　　人们常说《绝命毒师》是一部以"黑暗"为主角的电视剧，但如果你看看这部剧是如何开始的，你会发现沃尔特·怀特（Walter White）绝对是你能够想象得到的最有同情心的人——他是一位合格的丈夫和父亲，也是一位热情的化学老师，他的学生们并不关心他，他收入不高，不受赏识，而且被诊断出患有绝症。一旦他做出了一个关键性的决定，就意味着他将自己置于一个巨大且持续的危险中了，他的生命与自由将同时面临危险。而且，他的家人也可能会发现他这个可怕的秘密。我们很难想象到有哪个角色能超过他，获得来自观众更多的支持。所有这些介绍都是必要的，否则他一下子就进入到沦为社会边缘人这一情境中就会显得很突兀，对观众来说，他也会由此看起来完全没有同情心。

HBO开创性的剧作《黑道家族》可以说开创了这一潮流，编剧协会成员将其评为有史以来最佳编剧系列剧。从表面上看，托尼·瑟普拉诺（Tony Soprano）并不讨喜：他是一个善于撒谎、欺诈的暴力徒。但正如他在开篇中所被介绍的那样，我们看到的关于他的大部分情况是，他患有恐慌症，每时每刻都会感到害怕，并且他为自己必须去看心理医生而感到羞辱。与此同时，他的母亲可能想要杀了他。他从自己的妻子、孩子、同事或者生活中得不到他想要的尊重与安宁。他所面临的问题并非一个单独的大问题，而是一团问题。没错，他有时会殴打别人，但大部分时候都是在引导我们去了解他充满问题的生活以及他对个人情感的观点。

另一个常见的技巧是在美国版的《办公室》中，剧情围绕着一个像迈克尔·斯科特（Michael Scott）这样一个不讨喜的中心人物展开，进而联系到更多的相关人物，比如吉姆（Jim）和帕姆（Pam）。但即使在这个例子中，这个所谓不讨喜的角色在某些方面仍然会与观众取得某种关联，并且他还容易受到伤害，所以故事可以从他的角度来讲述，我们会对他因缺乏自我意识去伤害别人而感到震惊，但有时也会对他寻找被爱的方式和永远得不到他想要的东西而深表同情。

有一些喜剧，比如《费城永远阳光灿烂》或《副总统》里面的角色更加难以模仿。由于这些人非常堕落，在剧中也受到了无情的惩罚（看起来非常有趣），以至于我们仍陷于剧情中，所有人经常感叹道："我讨厌这些可耻的人，我再也不想看他们了。"实际上，许多观众可能确实有这样的感受，这往往会限制住这类节目的高度，但该节目的大多数粉丝并非很讨厌这些角色，也没有把他们当成十恶不赦的混蛋。更多情况下，他们以失败者的身份出现，他们想摆脱那些对自己不好的言论，他们拼命追求那些永远无法实现的自私自利的欲望。如果我们发现这些角色一直处于失败的状态中，而且整个过程非常有趣，即使他们不成功，观众也会原谅他们。

另一方面就"受欢迎度"而言，是像《唐顿庄园》这样的系列剧，它们找到了一种方法，让观众愿意去关注这个庞大体系中的每一个角色，让他们每个人都非常受欢迎（虽然他们也有缺陷）。《唐顿庄园》中几个经常出现的角色有时会很坏，但他们最终以自己的故事突显了人性，这就会让观众对他们的经历倍感同情。

不知何故，在这个剧中，观众一直都明白，这个庞大的演员阵容中的每个人都知道自己为什么选择这么做，而且每个人都不会觉得其他人无可救药，同时也不会视某个人为问题的祸源。相反，问题来源于各种人所共同造成的复杂情况，这不可避免地就会导致个人冲突，观众们则可以以不同的方式去理解当中的每一方。

大多数系列剧都按照这样的方式展开剧情——呈现各种相关的人物，他们可以在任何特定的情节中"拥有属于自己的故事"，然后这些故事交织在一起，每周都会有新的问题，所以每次都会有新的故事、新的安排（这些问题往往都与更加复杂的问题相关）。"坏蛋"对影视剧作家的作用远不如那些复杂又有趣的人物，他们会遭遇一些问题，也会对未来充满希望，正因如此，他们会一直饱受折磨，但也正是这些帮助他们与观众建立起了联系。

"相关性"清单

如果你的想法能够达到以下这五点要求，那么它应该可与观众建立起来充分的"相关性"：

1. 主角会很容易赢得观众的青睐，而且他们会受困于博得观众同情的问题中，整个过程非常有趣。（在电视上，这一点对主角来说，适用于每一集。）

2. 在任何故事中，主角的外部生活问题都很容易在最基本、最普遍的人文层面上得到认同。

3. 他们的想法、感受和愿望总是足够清晰，可让观众带着自己的情绪和愿望去加以分享。

4. 每个故事情节都会有一个特定的结果，观众会支持这个结果并会对此有所感受。

5. 剧中涉及主角的成长变化，并最终脱胎换骨的过程（其他的系列剧通常不具备），但整个过程并不是简单地从自私到无私的变化。

如何
写出
好故事：
HBO 大师
写作课

第四章

原创性

最具市场价值的故事立意往往在作品预先设定的核心部分或其所归属的特定体裁中包含着一些有趣且吸引人的概念。从某种程度上讲，其实指的就是那些我们从未见过的东西。这些立意里面添加了一些新的东西或者完全以新的方式呈现出来，从而使他们在其他故事立意中脱颖而出。

与此同时，他们发现要想让观众为剧本消费并积极地参与进来，就必须按照传统的方式来讲述故事、拟定故事类型。如果为了追求原创性而完全忽略或抛弃这些传统的写作方式，你的剧本将毫无出路。这是一个非常棘手的"平衡掌控行为"，你需要搞清楚哪些地方需要保留写作上的传统方式，而哪些地方需要创新。

一些作家并没有搞清楚哪些是故事立意与体裁的基本构成成分，就将原创性作为其首要的任务。为了让自己与众不同，他们忽略了构成故事的要素，而是想出了一些独特的想法，但这些核心品质并不足以吸引观众。

人们可能会认为初涉文坛的作家更倾向于去模仿已经存在的东西，所以他们的想法不是特别新鲜与独特。但实际情况是，这些经验还明显不足的作家，并没有努力让自己的剧本符合主题、角色、情节、悬念、冲突、情感六大要素，而是专注于"原创性"。

　　这可能是因为新作家们往往厌倦了那些在他们看来是市场上千篇一律的东西。他们可能会对所有续集以及其他似乎已经完成的项目嗤之以鼻，原因就在于它们与之前成功的作品太相似了。有创意的人往往想要推出一些新鲜的东西，而不是看到同一事物发生了新的变化。那些不得不关注一切并可能对此感到厌倦的评论家也往往格外看重原创。双方的共同点在于，他们可能都会对自己所看到的东西进行谴责，因为里面有太多"公式"化的东西了。

　　这一冲动看起来是合情合理的。但是，当某些东西以公式化的形式出现时，并不是因为它所坚持的指导方针和原则已被证明必不可少，而是因为它似乎是采用一种用数字画画的方式。换句话说，创作过程并没有将材料提升成看似全新的东西展现在观众面前。也许作者太喜欢使用"公式"化的元素了，以至于连要点的衔接之处都显得过于"公式"化了。或许他们的概念中确实蕴含了某种经典、某一流派，但这样做的方式让人觉得过于熟悉，未免感觉没有任何新意。

　　如果你的目标是把自己的作品卖出去，那么一定要在较为熟悉的包装下创造一些新鲜的东西。因为行业买家、作家代表以及观众对"新鲜感"的重视程度并不及作家或评论家。他们倾向于看到自己以前看过的那种类型的故事中又添加了一些新鲜、有趣的东西。他们并不期待作家创作出一种全新类型的作品，或者那种专门为了与众不同而异于其他故事的作品。

　　创造出一些确实"十分怪异"的东西是很容易的，但却不符合讲述故事最基本的标准。在一个久经考验的真实体裁中，用一个既有原创性又具有惩罚性、相关性、可信性、改变命运、娱乐性并且充满意义的故事来打破新鲜有趣的局面，才是更难得、更有价值的。

熟悉的创作附加新鲜的灵感

任何成功的故事都没有脱离观众所追求的那些类型（比如动作片、喜剧片、浪漫片、恐怖片等），但故事的创作方式都是独特的自我原创。因此，我们首先要做的是研究和了解相关的故事体裁，然后进行头脑风暴，从中选出最好的一些例子再进行演进。

我曾听一个文学作品的经纪人维多利亚·威兹德姆（Victoria Wisdom）就这个话题提出了一些很好的建议，即在你想效仿的那种成功电影类型的基础上，加入或改成一种过去在影片中颇有成效的关键元素。她列举了詹姆斯·邦德如何"生下"杰森·伯恩（一个不知道自己是间谍的间谍）和史密斯夫妇（两个已婚的间谍），又"生下"了身为间谍的孩子（关于两个已婚的间谍，他们的孩子又如何成为间谍）的例子。每个角色都很成功，每个角色都与其他人有很大的不同，让人觉得他们就是独一无二的。每个人都遵守"间谍电影"类型中和一般故事中的基本规则。间谍们正在执行一项风险巨大的任务，他们要面对一个特殊的敌人，直到电影结束他们才会结束战斗（当然整个过程充满了高度娱乐性）。他们被这个恶棍所压制，直至最后才能得以反击。影片中有很多扣人心弦的动作，观众在情感上与主人公紧紧联系在一起，当他们在通往胜利的路上受到惩罚时，观众一边无比揪心，一边为他们加油鼓劲。

以一个固有的题材作为出发点，对于接下来的创造会很有帮助，这意味着某种类型的故事在观众中间很受欢迎。这样一来，一个作家就可以从那些载有一定问题元素的基本架构开始创作，在传统的基础上通过自我创造去升华。换言之，如果我们想到一部成功的间谍电影（或者我们正在拍摄的任何类型的电影）中的某些镜头和场景，我们知道一部新的间谍电影要想成功，可能也需要这些。只不过新的作品将以原创性的方式去展现这些场景。

但如果作家仅仅是在当那些试探性的营销者，对观众"当前的需求"总是猜测，只写他们认为可以卖出去的东西，或者完全复制已经成功的东西，却没有给自己的作品添加一些有趣且独特性的火花时，这种做法就不太管用了。一篇文章需要它的创作者对其充满激情、充满热爱，但不要忘记，它的使命是为读者而活的。一般来说，如果作者都不相信自己所写的作品，也没有把自己原创性的东西添加到作品中，就无法创造出下一个伟大而又有市场价值的作品。在了解故事与体裁的一些基本知识后，把自身的激情、创作品位与工作意愿都投入创作中尤为关键。

一旦作家学会了如何做到这一点，并致力于这一点，如果进展还不错的话，他们就会开始关注那些在市场上成功机会确实很高的故事和项目。就在那一刻，这些作家才真正开始面对"创意"这个挑战。

因为，当我们了解了是什么使一个想法具有潜在的销售价值，当我们只专注于去创作符合这些标准的想法和故事时，我们才意识到我们提出的许多想法似乎与前人的创作过于相似。也就是说，它们并不属于原创性的东西。原因就在于，在我们理解这一切之前，我们就已经消除了99%可能要写的东西。这大大缩小了原创的可能性。

这是一件好事，也是作家必须迈出的一步，因为这意味着他们不再是没有真正理解故事和体裁，没有参与过有效创作的人。但他们可能会开始环顾某个体裁中的其他一些例子，会觉得没有足够的新领域适合自己去开拓。他们提出的每个想法似乎都与过去的某个想法过于相似。毕竟，几十年来，那些成功而有能力的作家为了在同一类型的作品上做出新的变化，一直在苦思冥想、绞尽脑汁。不论他们身在何处，都在做这件事情。其实这就是在一个可行的框架内去尝试原创，这艰苦工作的一个开端。

我在电视开发市场目睹了这一切。每年，各大网络都会告诉各大经纪人（他们会告诉自己的编剧客户）他们在"寻找"什么，即他们想推销的新节目应该具有什么样的创意。不可避免的是，在一小时的戏剧方面，这些"网络需求"将包括一些新鲜的和原创性的主打节目，如警察类、医疗类和法律类。这三种类型的作品在电视上反复播放，所以他们知道他们想要更多这种类型的节目。但一个想法要想经得住考验，就必须开辟出一片前所未有的新领域。

现在，人们可能会看看电视上都在播一些什么节目，结果发现电视上有很多类似的警察节目。但是，如果我们暂时忽略了这类节目的一些衍生节目，而只关注成功的原创节目创意，就会发现他们通常会做一些与之前所有节目所不同的事情。不管是关于警察、队伍、案件的一些事件，还是这些案件被处理的方式都非常新鲜，即便基本的体裁元素大体上保持不变。一场警察类节目到底能有多少种独特的版本呢？尤其是，如果我们接受案件必须具备高风险（如谋杀），还必须在一集结束前得到解决，又有多少种版本呢？好吧，这是饥渴的电视剧作者每年都会询问自己的问题，因为他们一直都在努力为自己的新警察节目想出一些新的点子，从而想办法卖给电视台。数以百计的新想法呈现出来，但只有极少数能真正应用到节目中。这些感悟全部来自一位经验丰富的专业电视编剧。说起来容易，但做起来真的很难。

作家在创作故事的过程中不管以什么体裁，通过什么媒介，都会遇到这一挑战。他们总会感觉到关于故事的体裁、主题以及类型上的所有新想法几乎已经穷尽了。但是，接下来该怎么办呢？有时，用一种方式将两种体裁的风格融合在一起，来将其中的一种体裁甚至两种都有效地传递出来也是一种应对策略，但切记的是，方式一定要新颖。想想看《暮光之城》中的"吸血鬼"和"少年浪漫"吧。其他例子中，可能会存在一些新的挑战、责任、冲突或困难，来进一步使主角的处境变得更为复杂。因为我们总是在寻找一些新鲜的东西，所以这是一个很好的开始。

还有一个项目和我的一样

我们不管写什么东西，在概念、主题或背景方面，总有人写过或正在写一些类似的东西。能够符合一个成功故事标准的想法与类型就那么多，能够作为故事基础的人生经历也就那么多，所以我们经常发现自己的作品并不像我们所希望的那样独特、新鲜和新颖。（即使它是基于一个特定的真实故事。）有时，我们会听到其他类似的项目正在进一步开发，并且背后有着更大的名气。

在这种情况下感到绝望是正常的，就好像我们所有的努力都白费了。但这只是一种感觉，一切努力都不会徒劳。以下几点可以解释一下，为什么这种异常频繁的事态并不至于引起恐慌：

一、大多数的电影和电视项目（甚至是那些大牌作家的付费作品）从来都没有被制作出来，即使被制作出来，也不会接触到大量的观众。收到我们作品的那些人，很可能从来没有对其翻阅过，或者根本就对故事体裁不熟悉。有时新闻报道让人们觉得一个有竞争力的项目就要大获成功了，但通常情况下，新闻报道的内容过于浮夸，该项目往往不会有任何结果，或者至少不会引起轰动。

二、当我们还不是一个成熟、成功的作家时，我们所写的任何东西都可能只是一个"写作样本"，无论如何都不可能被制作出来。充其量，它可能在内容上比较出色，可为我们赢得经纪人或代理人的青睐，或让我们能够与喜欢我们作品的制作人会面。但通常情况下，即使他们很喜欢这个剧本，也不会去开发这个剧本。他们只是想看看我们接下来要写的东西。这种情况经常发生。

这算得上是最好的情况了。对于大多数作家来说，大多数剧本连这个目的都没达到。但是，如果一篇文章做到了这一点，那么它与市场上那些击败它的作品相似可能也就无关紧要了。因为这时，他们就会以我们的写作能力、讲故事的能力、对概念的塑造能力，以及我们是如何完成这部具有个人特色的作品作为评判标准。他们将其视为一个样本来考虑我们是否能够成为一名他们希望在商业上进一步合作的作家。没有一个作家想听到这些，因为对于每一个项目，我们真的希望都可以卖出去，都能够经过制作投放到市场上，但这样的机会实在是渺茫。

三、市场往往有空间去容纳多个主题或概念相似的项目，但这种情况很罕见，即一个有竞争性的项目确实向前迈出了很大一步，得到了制作人的生产制作，并且取得了一定的成功、赚取了一定的知名度，同时我们自己的项目也迈向了一个新的阶梯，也很有可能制作成成品。

还记得《天地大冲撞》和《世界末日》吗？这两个都是1998年发行的影片。《我又十八》《小爸爸大儿子》《长大》，这三部成人与儿童身体转换的电影，也都是1988年上映的。还有《征服四海》和《哥伦布传1492》，两者都是关于哥伦布的，都是1992年上映的。

然后我们可能会问："如果另一个项目和我的完全一样，以至于两个项目不能共存，会怎样呢？"好吧，这种情况非常罕见。但有可能另一个项目与我们的很相似，而且在各个方面都领先于我们，以至于人们看到我们的项目，会认为它基本上是一个复制品或是仿制品，原创性还远远不够。

尽管这不太可能发生，但当我们听到存在这样一个潜在的项目时，无论它正处于开发中还是已经发布了，我们都可以采取这样的做法：去研究这个项目，并且尝试着去阅读和观看这个项目。这种做法恰恰与我们经常看到的相反。通常，他们会说："我故意避免在这个项目上发现太多问题，因为我不想被它所影响。"我不同意这种做法。如果我们担心这个项目与我们自己的太过相似，为什么不自己亲自确定一下呢？也许我们正好有机会调整一下，这样两个项目就不会过于相似了。我们从来没有见过其他的项目，这就意味着我们并不是有意去拷贝别人的作品，一切都纯属偶然。但是，没有人会因为这个而称赞我们，那我们对这些项目刻意地回避有什么意义呢？

大多数情况下，当我们检查竞争性项目时，会发现尽管它们有一些相似之处，但在某些关键方面却有不同的关注点。我们也可以从这些项目中做得不到位的地方吸取教训，确保我们不会犯同样的错误。

这实际上会巩固我们的意识，让我们知道自己想做什么，而通常情况下，我们的做法与他们的做法又会不大相同，这就又给了我们一个机会，让我们去看看他们的做法究竟是什么样子的。这么做有助于确定我们想法的独特有趣之处是什么以及我们想要关注的重点是什么。我们可以进一步去开拓自己的独特领域，创造出与"竞争对手"明显不同的作品。

作家的"声音"与反馈处理

　　原创性不仅仅是指有一个新鲜、全新、可销售的想法。它是关于一个人对于世界和其他人的看法，以及这个看法如何在一个想法或一篇文章中进行传递交流。当初涉文坛的作家似乎有一种独特的、令人难忘的"声音"时，他们会受到高度的重视，在这种"声音"中，读者会想，"哇，这个作家是独一无二的"，或者"除了这个人之外，其他人都不可能用这种方式写这么一篇文章"。作家的观点和表达方式有一个独特之处。他们大脑工作的方式以及内容在页面上显示出来的方式，对他们来说真的非常独特。而这种属于作家自己的"声音"，其产生的一个关键途径就是通过角色。他们是否觉得自己是地球上真实可信且独一无二的人类呢？他们是不是被描述得非常具体，具体到细节上了呢？他们的特殊品质真的令人难忘，真的吸引观众吗？他们能不墨守成规，大胆地在行动上与言语上去突破自我吗？如果是这样的话，他们会觉得自己的作品是原创的。"声音"的某些方面来自作者所选择关注的内容，以及他们在对任何事物和任何人进行细节描写时所展现出来的水平。这可以源于书写自己的经历，也可以来自某项研究。我们的写作内容越真实、越难忘、越独特，就越能让人们觉得我们有一种强烈的"声音"。

每个人都不能强制自己去拥有这种独特的"声音"。因为这是通过实践与经验得到的。他们会倾向于用他们特有的方式，写一些特定类型的人和情况。所以，注意到并且确信我们所热衷的那方面是什么对自己是很有帮助的。注意到自己唯一感兴趣的那个点是什么，去聆听自己的心声，并且在写作的时候遵循这一点（当然，还要确保遵循一些其他准则）。

当别人给出反馈时，善意的人很容易把自己的"声音"说出来。一些作家会注意到其他人的冷淡反应，并且会完全在意这些反馈，认为这是在表示他们的作品还"不够好"，他们本身还"不够好"——而不是去相信那些存在于他们自身独特的想法、兴趣与激情中的一些东西，倘若他们能够追随这些，不去在乎那些冷漠的声音，就能让这些东西真正发挥作用，并且取得最后的成功。作品越多，就越容易从那些可能是可行的材料中脱颖而出，并且一些点评通常只是别人的一些个人见解。对于别人阐述不清的问题，而采取的所谓有益的"补救措施"，我往往会特别谨慎。最好了解清楚他们所认为的问题是什么，思考一下我是否同意他们的观点，并且我要用有自己特点的方式去解决这个问题。

另一方面，许多作家犯了相反的错误，他们都过于屏蔽各种反馈。他们可能把每个人的反馈都认为是"针对他们自身的"（或者认为"他们听不到我内心的声音"），所以会拒绝做出任何改变。这通常意味着，作者没有充分考虑到他们试图去服务的这些读者，也没有将这第一批读者视为潜在代表性受众。在材料中获得"反馈"是非常有价值的，尤其是那些涉及本书所提及的七个要素的反馈，这些意见通常来自那些诚实的人，他们对这些事情的看法很值得我们信任，就这些问题达成共识是非常有用的。

和很多事情一样，我们需要找到一个平衡点，在这个平衡点上，我们大胆地去主动倾听别人的意见，如果有需要的话，我们会以一种重要的方式重新思考我们的作品，但这并不意味着放弃那些使之具有潜在的特殊性与独创性的标志。

他们为什么拍不好电影

初出茅庐的编剧常常因听到这个领域的竞争有多么激烈，闯入这个领域有多么困难，而感到震惊。他们将自己的主要问题归结为这是一个封闭的行业，绝不会因为这是一个非常有挑战性、非常罕见的东西，就能给审核人留下深刻的印象。如果只有那些技巧、工艺、艺术和思想都很好的作家才能卖出他们的作品，才能得到雇用，那好莱坞制造出的那些"垃圾"作品又做何解释呢？这岂不是自相矛盾？而这些失败的"垃圾"，在他们自己眼里，往往是因为在创意方面特别失败。

这是一个常见而又合理的问题，但其中一个严重的错误就在于，它把两个截然不同的事件混为一谈。第一个事件是，关于一个初涉文坛的新作家在他的职业生涯中受到关注并以某种方式不断前进。（这当然是每个新作家所希望的。）第二个问题是，一部电影的制作和最终上映，是完全分开的两件事，所涉及的是几乎完全不同的因素。

我们就新作家开始引起人们的注意讲起。做到这一点需要什么？其实很简单：一个独立的剧本（不论是电影剧本还是电视剧剧本），只要它非常突出，能给那些以评估、开发或出售剧本为生的人留下深刻的印象（包括代理人、经纪人、制片人以及工作室和网络中的某些高管）就可以。那些人正在寻找新材料和新作家，但他们不需要大量的脚本，他们必须千方百计地在数百个自认为不可行的脚本中找到一个还有开发苗头的脚本。

他们在寻找什么呢？一个他们认为可以出售的新想法，这个想法由一个非常适合开发的脚本做支撑。同样重要的是，他们希望那些掌握了基本原理并能在专业水平上创作出扣人心弦、高清晰度、令人信服、娱乐性强、情感参与度高且可以真正享受到乐趣的作品发出作家自身独特的声音。

做到这一点并不容易，而且大多数尝试写剧本的人也永远达不到这个目标。那些多年伏案于写剧本的人一般都非常努力，并且他们在这一过程中受到了大量的教育。他们起初的目标非常简单，仅仅是想成为自己这片工作领域中的一个代表性人物，做到对自己的工作始终充满兴趣。这就是他们对自己的剧本所设立的目标（除非他们想独立地制作电影）。

在这个过程的另一端，也就是进入电影制作的那个阶段，主管们希望将现有的项目与明星和导演打包，以便将它们作为商业产品发布。让我们看看对这些决策造成影响的因素有哪些，这些因素可能导致一个"糟糕"的电影出品，让人不免觉得在好莱坞出演的作品也未必出自名家之手。

首先，我们要明白，电影业和其他任何行业一样，这就意味着同意电影投入生产的决策者，其唯一的目标就是盈利。如果他们不坚持这样，也就没有生意可做了。他们是否认为自己所制作的电影"还不错"或"有创意"，以及他们自己是否愿意去看，很大程度上都无关紧要。他们中的很多人都很聪明、受过教育、为人世故圆滑，他们可能更偏爱那些代表性的编剧所会重视的那类电影。他们只是没有像作家一样，热衷于事物的创造性或艺术性，但如果他们看起来赚不到钱，也不会拍这样的电影。

从商人的角度来看，是什么让电影脚本或电影立意成为一个还不错的选择呢？显然，他们会根据观众近年来购买的情况作为判断的标准，他们当然是希望选择这部电影的观众越多越好。这并不是一门精确的科学，因为任何假定的"确定事件"到头来遇到观众就都不起作用了。你只需要查看下最受欢迎的电影都有哪些，就能看到之前的品牌意识和受欢迎度是一个关键因素。这或许与"原创性"的优先顺序背道而驰。在泛娱乐化时代，众多的娱乐性作品很容易让人分心，也很容易让他们对一些自己早已熟悉的材料产生兴趣。对于这一点，我们不必强迫自己，虽然这对于创造一个"好电影"（或令人惊喜的原创电影）或许没有什么帮助，但似乎却能保障电影比较可观的收益。

《百货战警2》的评价并不好，但它仍然在全球创造了1.08亿美元的票房，而其制作预算只有3000万美元。这一冲击力可能还不够，但想想《百货战警》以2600万美元的预算创造了1.83亿美元的票房，你就有所感悟了。从商业角度来看，这是一个合理的决策。

　　那些聪明的人会相当认真地对此进行研究，但这并不意味着他们不会犯错误。没错，他们再聪明也会犯错。但他们之所以这么做，可能是出于商业或经济方面的原因。这些原因背后所蕴藏的价值，总是令电影口碑的"好坏"显得微不足道。

　　另外我们需要理解，没有人会去制造那些没有原创性的垃圾（除非他们知道这部电影仍然有巨大的经济利益）。他们着手去制作一些在过去已被验证成功，并且能够为观众提供情感体验和娱乐体验的作品。把任何类型的作品制作成功都是非常困难、非常罕见的。诸多元素必须很好地结合在一起，来产生完美的化学反应。制作一部不合格或很平庸的电影（就像写了一个差劲的或平庸的脚本一样）比起制作一部不论是在商业价值还是在质量方面都获得成功的电影更为常见。

　　所有这些都与电影投入生产之前的那个阶段没有多大关系，也就是那些怀揣梦想的作家试图闯入电影制作的这个门槛。作家们几乎从来没有"闯出"过一部可以制作成电影的脚本。更确切地说，闯入这一领域意味着给代理人、经纪人或制片人留下深刻印象，他们的剧本可能根本就卖不出去，更别提拍成电影了，但这会让他们受到业界的关注，吸引自己的"粉丝"，并开始给他们未来的销售或就业之路带来一些动力。

　　你可能会问自己，那些"糟糕电影"的编剧是否能在某个时候超越那些高水平的作家，产出一部令人印象深刻的独特作品，登上人生巅峰呢？

我们听到的所有答案几乎都是肯定的。

你现在看到的这部"糟糕电影"可能因为各种各样的原因而变得糟糕，但就是与作家的写作没有任何关系。即使是这样，你可能也会看到一位专业作家写了很多很多剧本后，才逐渐写出了一些令人印象深刻的作品，正是后来的这些作品让他们实现了自己的电影梦，即使这部电影被制作得很糟糕。他们可能主要是为了钱才拍这部糟糕的电影的，但这并不是展示他们才华的最佳媒介。或许开发过程会很仓促。这部电影的制作也很可能涉及各种各样的作家，所以最终的成品是各个作家贡献的集合之作。其实只有一个扎实的创意愿景，可能很难找到一个让导演、制片厂和明星们都满意的版本。金融公司甚至认识到，一部好的剧本并不是决定影片商业前景的关键因素（也许这是正确的）。或者对一部电影来说，不论是作者自身想出的立意还是别人要求他们这么去想，都可能存有缺陷。

但别误会，几乎任何一个被认为创作了一部糟糕电影的编剧，都会有这个特点，他们无视那些几乎99%新入行的编剧都头疼的基本写作原则，写出了一个"被证明"属于自己的"伟大"剧本。作为水平不佳的作家，他们很容易被那些仅仅上过一堂课、写过一两个剧本的普通作家所取代。

我的建议是，要对那个可以帮助自己开启职业生涯的挑战予以认可与尊重。并且要意识到，你在电影院所看到的糟糕电影并不意味着它的制作过程就非常容易。不是因为这个行业太封闭了，而是因为很难把它做好。

在贾德·阿帕图（Judd Apatow）的书《脑子有病》中，杰瑞·宋飞（Jerry Seinfeld）对伟大的喜剧演员进行了评论。他说："这是喜剧最伟大的地方，如果你有天赋的话，就不会出差错。没有人会出错，你也不必等待着去休息。因为休息很容易，但做到足够好却很难。"这就像在一直谈论剧本创作一样。

医生、律师和警察

电视节目的消费者总是在寻找一些独特、原创的东西，但是和其他媒体一样，最有效的做法是在一个已经受过考验的体裁上进行一些新的变化，如果一个作家清楚地了解某些类型的节目是如何运作的（通常是从担任此类节目的编剧开始），那么他就能够熟练地观察并运用到这些基本原则了，同时将这些基本原则应用到一些以前从未见过的全新事物上。

我以前常常对这样一个事实表示感叹：怎么这么多的戏剧系列都是源自警察、律师和医生这些职业呀。我试着对其他职业进行系列剧的开发，但往往都失败了。和许多怀有抱负的电视剧作家一样，我觉得其他工作、其他职业中所充斥的挑战也可能会制作成引人入胜的电视节目。

在我多年的执业生涯中，我出售自己的想法，但是又有很多想法被高管、制片人以及我自己的经纪人驳回，从中我学到了很多。其中一个主要的教训是，我们并不想创造一个以"工作责任"为中心的挑战性节目，除非是对这三个黄金职业中的某一个做出一些改变来制作成新节目。

在一个成功的系列剧中，能够推动故事主体发展的工作通常有以下三个特点：

一、他们是英雄：他们所做的一切都是为了别人。该节目中主演的能力往往超出了个人能力范围，他们去保护、帮助他人，或是为人类而战。

二、故事中的风险很高。如果他们失败了，人们就会死亡，杀人犯会被释放，无辜的人就会被判终身监禁，等等。

三、他们的工作性质往往会充斥着扣人心弦的人际冲突、高涨的情绪以及巨大的风险，但是对观众来讲，会有娱乐性很强的观影感。

《法律与秩序》或许是这方面的典型例子。这是一个"警察调查案件"节目和"法律与法庭"节目的混合型节目，它聚焦于那些为社会和犯罪受害者而战的专业人员，这些专业人士的任务就是确定谁犯下了谋杀罪并将他们绳之以法。

实现这一目标的过程完全要由证人、嫌犯、老板、对方律师、法官和陪审团之间的高度冲突、高度利害关系以及高度情感对抗组成。在最好的剧集里，每一个场景都是一个有趣的尝试，都是试图解决这个剧集（谋杀）中更大的问题。在这个过程中，执法人员会遇到阻力或暴力，然后他们需要采取进一步的行动，然而这又会导致更多的场景发生。

多年来，观众们一直表现出，他们喜欢观看各种警察、律师和医生在工作中解决问题的惊险过程。尽管这种题材的连续剧会呈现出变化来满足观众，但是网络总是有更多的需求。也有一些比较成功的剧作是关于其他类型英雄的冒险故事，他们的工作或社会角色要涉及与危险做斗争，比如《吸血鬼猎人巴菲》《双面女间谍第一季》《行尸走肉》《星际迷航》。这类节目与经典的那三种"程序性"的职业节目都符合相同的标准，观众的主要关注点是解决"本周案件"。

许多每集时长一小时的电视剧都采用一个模式去展开故事。可以说，这是一种无休止的重复方式，来生成他们走进家门的故事，就像本周要解决的问题或案例一样。但是那些不走固定程序的系列剧就必须依赖剧中主角的个人生活来处理所有冲突和问题。在这些节目中（包括所有的喜剧片和一半的电视剧），情节性的故事中所涉及的中心问题、目标和利害关系通常只对主角有影响。他们通常不是英雄，也不涉及工作上的成功。他们就是代表个人。

作家们经常决定以其他工作场所来制作节目，并对根据"工作内容"编排的故事情节设置挑战。他们可能认为，其他各种职业都能制作为成功的影视剧：广告代理主管、高中足球教练，以及小品喜剧节目的编剧。当然，从事这些职业所面对的挑战正是这些故事成功改编成电视连续剧的基础。你想想是不是这个道理？

从表面上看，可能是这样的，但这里有一个关键性的区别。如果这些工作上的困难不会给角色的个人生活带来挑战，那么剧集中的故事并不会主要集中在与工作相关的任务和困难上。观众并不会因为医生、律师、警察或星际飞船的船长仅仅在自己的一个工作任务中取得成功而将自己的情感投入到角色身上。剧中的风险还不够高，所谓的"英雄人物"，其处理工作中问题的方式，对于观众来说，娱乐性也不够强（或者也不富有同情心）。

　　没有人愿意一幕接一幕地去观看唐·德雷珀（Don Draper）在《广告狂人》中努力争取一个广告活动的场面，毕竟这一集的高潮是广告活动的成功。莉兹·莱蒙（Liz Lemon）创作的《东京电玩展》也是如此，这是就《我为喜剧狂》，模拟《周六夜现场》而制作的一档虚构类节目。但是他们工作中的细节和目标并不是我们的关注点，我们所要观察的是节目中的人物以及他们的个人生活挑战。我们亲自投入角色中，并且想知道这些角色在生活中会面临着什么样的高风险。因此，他们的"职场挑战"仅仅是一个会产生冲突和问题的背景，最终还是要在个人层面上令这些角色受到影响，但是并不会对英雄主义存在任何妄想。相反，观众所关心的是这些人在个人生活中遭受的挫败感、他们对自己今后生活的憧憬、达到个人目的所要历经的挑战，以及在这个过程中出现的风险极高的个人危机和冲突。

"原创性"清单

如果你的想法能够达到以下这五点任务说明，你的剧本应该已具备足够的"原创性"了：

1. 我的故事或系列剧遵循每一个可行体裁中的基本原则，但增加了一些有趣的、全新的内容。

2. 中心问题的情境（和大纲）中设有一个易于理解的"悬念"，但又非常耐人寻味。

3. 对剧中的一些东西充满了热情，在某种程度上，这是我的独特之处，也是我个人"声音"的一部分。

4. 与其他类似的知名项目相比，该剧本的概念有很多不同之处。

5. 剧中的主要人物形象具体鲜明，而且剧中以一种引人入胜的方式提升了故事的内涵，超过了人们所认知的范围。

如何写出好故事：
HBO 大师写作课

第五章

可信性

　　尽管故事是基于枯燥的事实，但展现出来的都是些夸张的情景，一般不会出现在正常的生活中。即使是在最基本的体裁中，我们也需要找到一些可以让观众感受到娱乐的东西，让他们有强烈的情感代入。这就对那些以"改变生活""娱乐性""意义性"为"原创"方式的剧作提出了要求，它们必须对"相关"的角色予以重大的惩罚。

　　我们在为之准备的过程中，其实等于走进了一个雷区，很容易写出来一些无法令人信服的东西。

　　"观众会和我们一起相信接下来所发生的一切"，我们向自己保证。我的意思是，毕竟他们已经接受了"换身"题材的电影、镜头中穿插歌曲的电影，以及无数僵尸、外星人或吸血鬼题材的影片。很明显，他们愿意放下种种疑虑，去接受我们呈现给他们的任何作品，对吧？

　　不幸的是，这并不像你想象的那么容易。

　　没错，让观众在电影的开头受到一定的冲击还是可能实现的。但通常情况下，他们思维跳转的方式比较特别，故事的前提与脉络一定要清晰可见，"就好比，这个佐达（Zoltar）机器人非常神奇，它能把一个孩子变成成年的汤姆·汉克斯"，或者，"这些角色所处的世界实际上是由一个把人当作电池的机器创建生成的矩阵"，再或者，"巫师们都是真实存在的，他们属于同一所学校"。如果在故事发展的前10%～15%就把故事背景交代清楚，观众完全可以接受。但就从那一刻起，作者的工作就变成了尽可能让故事中的每一个情形都显得真实可信。换句话说，如果进行换位思考，角色应该做大多数人在这种情况下会做的事情，说大多数人在这种情况下会说的话。根据已经设置好的角色和情境，发生的所有事情都应该是可以被理解的，都是有意义的，并且一定要扎根于现实生活。但也得承认，有些事情（通常只有一件重要的事情）确实有些离谱，不同于大多数人的正常生活，但除此之外，其他的都应该是真实写照。

读者在看过脚本或大纲后不想再继续阅读的一个重要原因是，他们感觉故事中所发生的事情太假了。他们认为角色所说的话、所做的事情，放在现实生活中，人们绝不会这么去做。或者他们只是没有"领会"到这个概念，没有接受作者的解释。（或许是作者没有提供足够的解释，这也是常见的情况。）

创造一个令人愤慨的情境，相关的人物都参与其中，目的是探索现实中的人遇到这种情形会怎么做。这就是与观众间的联系。如果角色在处理完一件事后对他们不会产生任何意义，或者他们所做的事情很不真实、不可理喻，甚至匪夷所思，那就离观众弃剧不远了。他们甚至可能连什么原因都不知道，就只知道他们没有得到观众的认可。

另一方面，考虑到一些情况和观众想要的东西，剧中发生的事情越真实、越具体、越容易被观众理解，以及人们处理问题的方式越真实，观众就会对剧情越着迷。如果所有的"问题要素"都在剧本中存在的话，这一点显得格外重要。

僵尸、外星人和吸血鬼

　　一个故事提出了一些幻想型的事物，与我们的现实世界格格不入，如果它与观众以前所看到的那些虚幻型事物相关，并且已经在流行文化中占有一席之地，那么对于故事的编排还是有帮助的。这就是僵尸、外星人和吸血鬼等虚幻类型的故事有这么多版本的原因。其实对观众之前已经接受的虚幻事物进行改编，要比让观众完全接受一个全新的东西容易得多。因为如果观众过去从没有接触过这种生物或这种情景，他们真的很难理解，也很难接受这种新型的奇幻生物和奇幻场景。虽然这个故事看起来会为创意赢得采分点，但读者往往会想："这个故事中所发生的事情太假了吧。"甚至更糟的是，他们会想："这演的都是些什么乱七八糟的东西呀，我根本就看不懂。"

　　读者必须先了解清楚发生了什么，才能决定故事内容是否可信，是否具有说服力。而"我不明白剧本讲了些什么"是对剧本的一种很常见的反应，尤其当剧本涉及精心编排的科幻题材，以及其他一些超自然的生物和领域时。对剧本表达的思想内容感到困惑，可能是令读者最不愉快的一种经历。

拒绝困惑

"别打扰到他们"可能是任何戏剧创作的一个基本原则,但"别让他们感到困惑"同样也是一个很重要的原则。我们作为作家,一旦让读者感到了困惑,他们会对我们非常生气。如果他们不明白影片中究竟发生了什么,很快就会对剧本做出差评。或者如果他们被迫去继续阅读,他们就会对此非常恼怒。这种情况经常发生,不仅仅限于幻想型的创作理念。编剧常常会忽略掉传达一些必要的信息,在这种情况下,读者会感到很迷惑。因为编剧一般不会去写那些特别直白的对话,直观地说,就是以一种傻里傻气、不切实际的方式去交流剧中人物都心知肚明的信息,但情况是,观众需要清楚地知道他们在交流什么。大多数作家很早就学会了像躲避瘟疫一样避免将信息处理得过于隐晦。但也有些人还是会不断地犯错,他们会让自己的角色谈论一些观众并不太了解的人物和情况,从而让观众无法理解当下发生了什么,也不清楚事情接下来会怎么发展,仿佛自己是一个局外人。这必然会导致观众弃剧。

不知何故,编剧们就这样不得不走上了一条艰险的钢丝绳,他们要让观众了解自己需要了解的一切，这样既可以让观众真正理解当下正在发生的以及被人们讨论的事情是什么，又可以让所有的进程不那么突显。这就是简单的故事概念总比复杂的故事概念更奏效的原因。因为在一个简单的故事中，作家能够以有效的方式把信息传递给读者，让他们去吸收、接受、关注正在发生什么。

即使以理想的方式去处理"阐述"这个问题，结果也是如此，即只能被定义为"展示"，还不能归结为"讲述故事"。这意味着，如果我们想让观众了解我们故事中某个角色或某个场景的实况，就必须在剧中引入扣人心弦的场景，观众所要了解的全部信息在这些场景中都是显而易见的，从而不必关注角色们都说了些什么。

举个简单的例子：我们想让观众知道两个人结婚了，我们并不是借助人物间的对话向观众传递此信息，而是向他们展示了这么一种情景：很显然，他们已经结婚了，因为他们住在同一所房子里，睡在一起，和他们共同的孩子交流，等等。（仿佛是真的结婚了。）我们绝不能想当然地认为，观众也能够理解这样简单的事情。我们不能仅仅通过"描述"去介绍一个角色是另一个角色的丈夫，观众在"描述"中是无法感知的。（而这种"描述"应该让观众从他们看到的场景中自己去感知、理解。）如果观众需要对什么进行了解，我们就必须去引导他们，并在剧情中清晰地展示出来。

因此，限制观众需要了解的事实其实是有帮助的。如果每个事实都需要一些场景向观众展示出来，那么所有这些场景叠加起来可能会很难产生扣人心弦、引人入胜的持续性画面。所以，如果我们的想法有很多复杂的背景，但需要观众在剧本的开头就要理解清楚事件的发展态势，我们就可能需要对这个概念进行简化了。

对于那些沉浸于精心打造梦幻世界的作家，这个问题给他们带来的困扰也许不仅仅限于与观众在情感层面上的沟通。读者在阅读《世界搭建》时所接收的信息简单明了，这样他们才会喜欢去读这本书，即故事首先要能在一个基本的、调动情感的、人性的层面上发挥作用。

剧中的世界和我们的世界有什么不同

当一个故事的发生背景与我们的现实世界不同时，接下来最重要的是在片头就把各个要素解释清楚。（这一做法也适用于任何故事的开头部分、日志或书面询问。）当我们接触到一个故事的想法，发现里面蕴含着科幻元素，或是随着故事发展，会出现一些地球上本不存在的东西时，我们肯定特别好奇，这些虚构的事物与现实中的事物有什么不同呢？他们必须先对我们虚构的这个世界有充分的了解，才能进一步了解接下来所发生的事情。

成功的故事一般会提前打消观众的各种疑虑，并且会定义好所有的"规则"。这些规则不必过于复杂，但必须得让观众迅速理解、迅速接受，这样他们才能享受接下来所发生的故事。

这种故事类型的作者有时会习惯于他们所编造的各种元素，以至于他们认为这些元素的存在是理所当然的，却忽略了其他人去接受这些事物的难度。理想情况下，这些元素应该非常简单明了、易于理解、无可置疑。有些作家倾向于创造那些复杂、晦涩难懂的情境，却没有明确地说明每件事是如何发展的。对他们自己来说，他们所创造的一切都很容易理解，甚至是不言而喻的，但对观众来说，这似乎太难了。

有时作家总想把故事进程的所有信息都呈递给观众，却没有意识到，对于观众来说，在一开始充分了解故事背景才是最重要的，这样才有希望让观众从内心深处与之建立情感上的联系。如果他们不明白剧中的"规则"，不知道故事中的世界都包括哪些人，不知道他们想要得到什么，不知道他们会遇到哪些困难，不知道他们遇到困难后会发生什么，也不知道故事中的世界与我们真实的世界有什么不同，他们通常会看不进去这个故事，对角色没有感觉，也不知道在人性化的层面上会发生什么。

这就是最终的目标。观众喜欢看到彼此关联的人们，希望他们在面对严峻的挑战时会采取相互制约的行动。他们天生对幻想世界并不感兴趣，至少大多数人是不感兴趣的。没错，制片人、代理人、出版商也不感兴趣。他们所感兴趣的是，这些新奇的元素是如何对剧中的人物造成影响的，以及是如何衍生出角色们所追求的目标、所遇到的困难的。所以，最好的剧情一定要以一个相对简单易懂的场景为中心（即使它是幻想的）快速进行解释，这样我们就可以进入故事的重要环节了。

从某种程度上讲，如果故事的背景与现实世界不同，往往会取得非常高的收视率。这种场景也许是僵尸大暴乱，也许是外星人来到了地球，也许是高中校园里出现了吸血鬼。观众可以接受一个幻想的东西，只要我们解释清楚即可。背景交代清楚后，剧中人物处理事情的方式必须以现实中的方式为准绳。特殊情况下，相关的人物参与进来非常好，就从那一刻起，他们的谈吐举止都必须像一个正常人。

但你不能存有偏见，认为这一切只适用于科幻小说，这些原则适用于每一种类型，包括最基础的戏剧和喜剧。

几乎每个成功的故事都有一个"诱饵"，其本意就是吊起观众的胃口，但如果这部分处理得不仔细的话，可能就起不到这个效果了。重要的一点是，我们要了解故事和基本概念是什么，同时也要确保观影的普通观众也能够理解清楚。因为我们最终的观众是普通人，我们希望他们对我们的作品有感觉。

追求"真实"

除了剧情要易于理解外，我们还要确保提前设定的所有要素在观众心目中都该是真实的，这样他们就可以说："没错，我见证了所发生的一切。考虑到他们的处境，我能理解为什么这些角色会按照你说的这么做。我知道接下来会发生什么，也知道即将面临什么样的挑战。"获得部分观众的认可往往比看上去更困难。

例如，在喜剧的世界里，通常就人们的行为、情感和特点而言，当事情夸张到超出正常合理的范围时，就非常有趣了。你可以随便选择《威尔和格蕾丝》或《我为喜剧狂》中的一集加以验证。这些角色往往在某些品质上表现得格外夸张；他们的处境、欲望、行为以及说话方式往往都很相似，但要比一般人更有趣。就他们这样做的原因和行为来看，人们没有觉得很尴尬，反而依旧感觉到很真实。这就是所谓的表现夸张，感受真实。

但是当你在看喜剧的时候，你根本不相信现实生活中的一个正常人会说出这样的话、做出这样的事时，那会发生什么呢？你并不会感到可笑。你非但不会笑，还会对作家蹩脚的喜剧情节设置感到生气。

你可能会质疑自己所看的喜剧片。当一些事情让人觉得难以置信的时候，就是我们所说的做"过了头"。最好的喜剧建立在可与正常人的行为建立联系的基础上。没错，场景和人物是有些夸张，但也仅仅是有点夸张。最终，如果我们是他们的话，面对他们的处境，会表现得和你我一样。

在为一个故事（或特定场景）构思时，最好与每个角色保持联系，确保他们所做的一切都是真实可信的。他们此时在哪里？他们想要得到什么？他们会遇到什么困难？他们有何感想？他们想做什么？如果他们这么做会发生什么？理想情况下，人们的所言所行都源于对这些问题可信性的解答。当有疑问时，我们要坚持真实的人处于这种情境中会怎么做。这就是角色给观众的真实感受。（这也会让演员相信自己所扮演的角色是真的。）

不要首先就着眼于剧中的幽默感、场面、动作，或是否有很酷的感觉。从这个意义上说，娱乐性是可信赖的次要因素。希望基本的前提、人物和情景符合一种可识别的特定类型，这其中就包含了娱乐性的元素。这样以一种合理现实的方式开启故事就比较有保障了——也就是说一切都是真实的。

当一个作家发给我日志、简讯，或者摘要，让我参谋一下时，我经常会遇到一些心存质疑的问题。从角色的角度来看，他们让角色所做的决定、所采取的行动，并没有考虑到角色的处境，所以这些行动似乎并非完全有意义。作家可以就某一题材走捷径，匆匆想出一个有趣且娱乐性很强的想法，这可能听起来很新鲜、富有原创性，但他们并不会真正地问自己："面对这种情况时，这个角色真的会采取这样的举措吗？"如果答案离"我完全相信他们会这么做"还甚远，那么我们还有很多工作需要完善。专业读者总是会问这个问题。他们可能不会有意识地问，但是一旦角色的表现不符合现实情况时，这就会自动成为他们的一个问题。

当你想到一个立意时，你必须认真从所有关键人物的角度考虑，来确保这些人物所做的事情以及处理事情的方式都易于被观众接受。这就意味着去深入探究每个角色，去质疑："在这种情况下，他们会做什么？他们选择这么做是出于何种原因？他们的处境和欲望是如何把他们推向这种境地的？他们认为这样做会发生什么？他们为何会相信这样做能达到他们的目标？"

这对于"反派"角色来说尤其重要。不是每种类型的故事都存在一个主要的对手，但不管是谁给主角造成了巨大的困难，前提都需要一定的行为动机，这样观众才会觉得他们这么做是有意义的。无论反对的力量是来自机构、政府还是一种生物，无论是谁在做关键性的决定，理想情况下，他们采取行动的原因都要得到观众的认可，尽管他们不同意这些决定，即使他们特别希望坏人输掉。即使这个恶棍的动机是出于自身的贪婪、内心的狂虐、对权力的贪欲等，但他们的行为在人性的层面上仍然是合乎逻辑的。

"上帝"还是"魔鬼"都体现在细节中

在追求"真实性"的过程中，我们不能把门槛放至最低，写一些最常见的情节。要想写一些能引起人们注意并能促进自身事业发展的东西，其中一个关键点就在于，作者本身一定要具备高超的细节描述能力，足以使人们对真实性和原创性拍手称赞。因为作者似乎了解了他剧中的人物、环境和活动，能够将这些生活场景活灵活现地展现出来。当与其他问题元素一起配合时，这种非凡的真实性就足以使脚本在很大程度上脱颖而出。

这意味着我们在寻找细节，特别是在性格和行为方面的细节描写。上帝在细节里，对吧？他们还说魔鬼也在细节里。因为要创造出看起来具体而真实的人物并不容易，反而写那些模棱两可的人物要容易得多，这些角色相当于作者的棋子，只有在面对故事中特定的挑战时才会采取某些行动。

作家的部分职责是寻找那些有趣的细节，一般人们可能不会想到这些细节，因为这些细节太出人意料了，但又不知何故，实际上有了这些细节才让人感觉到更真实。在现实生活中，人们的各个角色并不总是模糊不清的，而往往是相互对立的。他们可能富有同情心，也可能十分冷漠，他们可能充满爱心，也可能十分冷血，他们可能很脆弱，也可能勇敢，本质上来讲角色也该如此。这就会让他们觉得人物很"立体"而不是"纸片人"，这个词经常用来评论剧中的人物。

在某些角色、某些体裁中，"纸片人"的人物还有存在的空间吗？也许会有。因为并不是每个角色都需要经过如此复杂深入的处理。但对于最重要的人物来说，当观众能够看到他们内心复杂的人性，在某种程度上与之关联时，故事会让人感觉更丰富、更有趣、更真实，尽管表面上的人物可能与他们大不相同。

被迫共存

就一切都需要看起来"真实"而言，电视连续剧的运作与故事形式受到了同样的限制。无论核心局势看起来多么怪异（僵尸、外星人、吸血鬼或其他幻想型的元素），在一个好节目中，最终这一局势都会由相关人士合情合理地解决掉，观众不会产生任何疑义。

同样的原则也适用于系列剧这个整体概念。一般来说，假定一个人能够魔幻性地躲过一劫，就必须在节目起始部分解释清楚，让观众觉得这一情节合情合理。不涉及熟悉元素的复杂概念通常是作家的敌人，其实作家的目的是让观众很快融入剧中，沉浸在角色与需要处理的问题中，但不要忘了，这些问题应该是来源于你的剧本类型中经常会遇到的那些设定。

电视节目的可信度还存在于另外一点。因为系列剧所呈现的是一张角色间布满冲突的关系网，以及他们在所处的环境中需要共同面临的问题，所以角色需要一个可信的理由来解释为什么他们会一直生活在彼此的生活中，为什么他们会无限期地受到同一事物的影响。

　　这一点似乎显而易见，但如果系列剧的想法没有一个合乎逻辑的机制，进展起来就会很费力。如果剧中的主角在同一地方工作，生活在同一个家庭，他们住在一起（或是彼此之间很亲密），或是经常在一起的亲密朋友，也就不难解释了。

　　但如果他们没有以上关系会怎么样呢？

　　与同事、家人、邻居或朋友无关的想法可能很难确保角色之间的持续性互动，也很难确保他们是在处理相同的问题。而且一个节目会因此看起来很散，就像是一个单独的节目，在节目中，人们各自独立生活、很少相互交流，这种节目就很容易被分割成一个个看似不相关的剧集，通常情况下收视率也不会太好。

　　作家们偶尔也会在节目中讲述这样一群人，他们不会经常处在一起，他们不属于同一行业，不在同一个城市中生活，也不在同一个地方工作。但如果他们不是朋友、家人、邻居，或者经常在一起工作的同事，他们很可能有一些共同的经历，那么该如何设置场景才能把这群不相干的人们凝聚在一起呢？

　　即使这些角色都住在同一栋楼里，如果他们没有公共空间，也不是时常腻在一起的好朋友，他们就不会以电视剧中主角们通常共处的方式在一起相处。（也不会以通常那种方式去处理其中固有的冲突。）这就是剧情的发生背景设置在大学很难成功的原因。与高中生相比，大学生有更多的行动自由，也更容易彼此间分离，而高中生每天都被困在学校里与同一群人生活在一起，或者在家里与家人生活在一起。这些学生每天都在同一家自助餐厅一起吃午餐，或者与家人每天聚在一起吃晚餐。对于青少年来说，这些都是无法逃避的生活情景，但这对戏剧（或喜剧）的故事情节很有帮助。

如果剧中的主角们并不是因为要解决自身的某些问题，而被迫近距离的接触，无论是基于基础剧情的架构，还是从观众可信的角度出发，都很难形成一个真正的节目。

在一个以工作场所（或角色每天必须去的其他地方）为主要场景的节目中，冲突的主要根源往往是，这些截然不同的人们被迫相处在一起。戏剧或喜剧的焦点就是在充满冲突的关系中无休止的斗争。同样，一个关于家庭的节目往往侧重于家庭内部的冲突。因此，为了达到预想的结局，一定要提前将角色们维系在一个持续的关系网中，观众才绝不会对这个关系网提出任何置疑。

这种对聚集和人际场景的需求正好解释了为什么有这么多"古怪的邻居"，这是喜剧中的一个主要部分，邻里间的交往似乎比现实生活中更为频繁。或者是一群朋友，他们总是在一起，在一起闲逛，似乎不用为工作而担忧，反正始终就没有分开过。

即使是背景设置在一个工作场所的节目也会遇到这个问题，因为在许多工作场所中，员工并不总是在打交道。以一家零件店为例，如果员工们不能定期地在一起工作，要排出一幕剧集也很困难。（一个购物中心中的员工会更分散。）这就是为什么以小办公室作为故事发生的背景会更好一些，因为人们的办公桌彼此相邻。一个封闭的环境往往会导致收视率极高的人际冲突场景，而不仅仅是一组杂乱无序的镜头，里面的角色不必强行产生任何互动，他们身为自由人，完全可以随时离开。

通常情况下，我们并不想赋予角色自由。一般来说，把他们限制在挑战中会使电视节目更具吸引力，即使有时他们真的非常想摆脱掉其他人。

"可信性"清单

如果你的想法能够达到以下这五点任务说明，那么作品的"可信性"应该达标了：

1. 当人们看到摘要时，就会大致理解所有的内容，会毫不犹豫地选择去看这部剧。

2. 剧中所设定的人物非常靠谱，他们的特征、决策和行为在特定的情况下看起来都是真实的。

3. 故事背景以及"故事中所设定的行事规则"简洁明了、易于掌握，并在剧本的起始部分就都解释清楚了。

4. 每个人做事情的动机都很明确，都有意义，并且在人性的层面上相互关联。

5. 提前设定好的以娱乐性为主的"悬念"，不仅吸引人，不仅有趣，而且我们也觉得它真的可能会发生。

如何写出
好故事：

HBO 大师
写作课

第六章

改变命运

　　"剧中的最高风险是什么呢？"这是专业读者在考虑故事构思时首先提出的一个问题，无论是否会明确地提出来。他们真正想要评估的是："为什么观众要关心你的剧情？"因为他们知道观众很难对一个故事进行情感上的投资，除非观众很容易能感觉到一件很重大的事情确实正处于危险中。作为作家，如果我们没有让观众有情感上的投入，也就什么收获都没有了，他们肯定不会往后看，也不会对自己所看的内容做出任何积极的回馈。我们要做的是必须让他们真正关心发生了什么。

　　如果我们把一个相关人物置于经受惩罚的情境中，前提是这一场景看起来很真实，也很新颖，我们就算是迈入正轨了，但如果这个角色想要达到的目标不够引人注目，观众可能仍然会没有任何感觉。所有这一切都必须有一个理由解释清楚——为什么这段旅程值得一试。这意味着最终的结局是有风险的，它代表着对主人公来说，美好的生活还是可怕的生活就在一念之间，整个过程可能还会涉及故事中观众所关心的其他人。如果这一点在故事的想法上，或在第一幕中还不够清楚，就很难让人们愿意把他们的时间和精力投入我们所写的东西上。

　　有时高风险是显而易见的，比如生命正处于危险中。但许多故事的想法，在故事的目标还没有实现之前，对于事情是如何变得这么难以置信，如何变得如此糟糕的，没有做出详细的解释，直到目标实现时，一切才显露出来。我只是说"也许"，因为潜在的有害风险往往才是最引人注目、最重要的。

当有很多东西要失去的时候，观众会感同身受。（例如，一个可能被杀的角色比一个可能赢得很多钱的角色处于更引人注目的情形中。）但大多数成功的故事都有可能面临好坏两种赌注，这意味着事情有可能变得比现在更糟，但也可能迎接一个幸福的结局，这样不仅避免了更糟糕的情况，还会使事情发展得比以往任何时候都要顺利。

所有类型的故事通常都是关于生活会发生翻天覆地的变化，即冒着极大的危险进行这一生一次的战斗。其中，外部风险包括基本的生活状况将会以任何一种方式发生改变，而内部风险则会涉及主角对生活与自身的感知，以及他们自身要采取的态度。无论是外部风险还是内部风险，都会推动故事的发展。往往一个优秀的故事中，生活将会在这两个维度上得以改变。

但是外部风险会首先出现，尤其是在屏幕上，深入研究主角的内在思想却是很难做到的。最初吸引观众（和专业读者）的是达到故事中这个目标的重要性，这个目标是考虑到他们"外在"的生活环境、人际关系和整体的成功机会，让主人公或英勇战斗的那些人过上体面、健康、幸福的生活。

通常，危机与人际关系和内部冲突有关。主角想从别人那里得到什么和他们现在得到了什么，这之间有很大的差距。为了让生活真正变得更好,他们需要其他人改变他们对自己的看法和行为。我们大部分的生活难道不是这样的吗?我们所考虑的大多数问题,实际上来源于别人没有按照我们的意愿来对待我们,不管是关于金钱、事业、亲密关系,还是受欢迎程度,等等。

即使是在一个神奇的情景中营造故事问题的电影里,就像《肥佬教授》或《梦幻之地》中那样,随之而来的挑战也会不可避免地在人际关系的舞台上上演。

内部风险还不够

诚然，某些小说和舞台剧可能更多地关注一个角色的内心世界，因为那里是所有冲突和利害关系产生的地方，而在更多的商业小说或戏剧（以及所有银幕作品）中，必须主要关注角色的外部生活情况。主人公自身很可能有积极的成长变化，但真正让观众投入到剧情中（让行业把关者感兴趣）的是外部的利害关系。这就是我们的日志、大纲和高潮中所体现的重点："这里需要解决的外部问题和挑战是什么呢？"内部的风险可以简要带过，但要引起注意的是，一定要呈现出大量的外部风险。根据以下两则描述，想想你更愿意观看哪一个呢：

一条过分保护自己儿子的小丑鱼，在它把儿子送到可怕的海洋世界成长时，必须学会放手，相信它自己是可以独立生活的。

当小丑鱼的儿子被一个人带上渔船时，父亲就开始了一次穿越海洋的冒险，它几乎没有任何找到儿子的线索。与此同时，它的儿子正试图从牙科诊所的水族馆中逃脱，因为它发现自己就像被判了死刑一样。

《海底总动员》大致涉及这两件事：第一个是，在儿子独立和父亲放手这个问题上，父亲和儿子的内心旅程；第二个则是，父亲试图寻找和拯救儿子的外在旅程。但这个外部旅程更加令人兴奋，更加吸引观众。内心的旅程仅仅是赋予了这个故事深度。当我们提出一个想法时，给予它深度的主要不是那些吸引人们的东西。就外部风险和行动而言，他们想知道是什么使之成为一个充满挑战的娱乐性故事。当他们读剧本的时候，同样会对这个问题充满好奇心。故事的深度很重要，但首先我们需要足够的外部风险。

生死攸关的赌

　　最大的风险显然会关乎"生死"。如果生命明显受到了威胁（或被夺走），那么作家的工作就会变得更容易一些。如果人们在濒临死亡时挣扎，可见，这个外部风险已经足够大了。也许这就是这么多成功的故事都存在生死赌注的原因。有些作家和电影制作人只做那些包含威胁生命元素的项目。比如昆汀·塔伦蒂诺（Quentin Tarantino），他是很多犯罪小说的作家或电视警察节目的制作人。几乎所有关于战争、太空冒险、重大犯罪（抢劫）、自然灾害、"围困"、超级英雄、怪物的影片以及惊悚片、恐怖片或动作片中的故事都会卷入威胁生命的巨大风险。

　　我想说的是，大约有一半已出版的故事中都会存在威胁生命的巨大风险或者说出现的问题都会与生命产生联系，而主角的任务就是试图去阻止这种危险发生或从中谋得正义。如果我们把喜剧片从中剔除（事实上从来没有生与死的利害关系），这样的影片很可能会超过一半。一个有说服力的原因可对此做出解释：吸引数百万陌生人去真正关心一个故事发生了什么并不容易，但如果与他们有联系的那些人可能有生命危险，可能试图去挽救其他生命或者去阻止凶手，那么观众自然而然地就会去关心这个故事究竟发生了什么。

在剧中受到正面威胁的人数越多，风险就越大，所以如果全人类都可能面临死亡，那么现在这个威胁的风险系数几乎就要将人们逼上绝路了。但即使这是一部关于个人为生命而战的故事，其风险系数也要比一部没有生命危险的电影高出数倍。不过，我要提醒的是，"为生命而战"的故事需要主人公以一种娱乐性的方式积极地与敌对势力做斗争，无论获胜的希望有多么渺茫，始终都要充满信心。与疾病做斗争的剧情往往还达不到我们想要的效果，除非将重点放在一个英雄医生身上，而不是病人身上。如果主人公或观众喜爱的一个角色正卷入死亡的旋涡中，而他对此却无能为力，就达不到娱乐性的效果。这个节目就会显得有些"惨淡"，但是观众不想看到这么"惨淡"的剧情。

在侦探小说中，通常故事背景是某人已经死了，所以在整个故事中，重点并不是某人的生命会受到威胁，而是一个或多个凶手逍遥法外，因此需要伸张正义，这样看来风险系数仍然蛮高。犯罪惊悚片和电视剧中几乎没有比谋杀（或绑架或酷刑）更轻的罪行了。面对将窃贼、盗用公款者或实施非致命性袭击的人绳之以法的挑战，观众很难时刻保持警觉。在现实世界中，如果这些事情发生在我们身上或我们所爱的人身上，我们自然会非常在意。但在虚假的故事世界里，我们往往将娱乐性置于首位，这些犯罪案件要么被提前阻止了，要么得到了合理的解决，唯一遗憾的是，对观众还不具有足够的吸引力。对身体健康威胁较小的伤害或疾病，也是如此。没有什么能比潜在的生命损失更能吸引人们的注意力，也没有什么能比冒着生命危险与那些剥夺他人生命的家伙抗争更能让观众兴奋不已。

然而，我不能强调得太多，因为生命不可能只存在潜在的危险，也不可能只在故事发展到高潮时才有危险。例如，在一个动作或恐怖剧本中，整个故事自始至终都必须有动作上的戏份和恐怖因素存在（有生与死的利害关系）才可以。没错，这种风险应该在最后一幕中达到巅峰，但是如果最大的风险在那之前还没有积极发挥作用，就说明我们在故事构思中设置的"风险"还未达标，这是一个非常普遍的问题。正如我们在"惩罚性"那一章中所提到的，直到电影发展到后半部分，才会出现巨大的风险。或者只存在"潜在的"生命危险，但在整个故事中并没有出现真正威胁到（甚至夺走）生命的危险。

我有时会注意到另一个问题：在一个故事中，大部分风险都比较小，但关乎生死的风险会在某个时候突然引入，就会突然改变故事的基调，甚至改变故事类型。相比之下，这使得人们之前所关心的一切都显得微不足道。当生命危在旦夕时，没有人会关心其他的事情，直到问题得到解决。

心理学家亚伯拉罕·马斯洛（Abraham Maslow）的"人类需求金字塔"就说明了这一点。生存是第一位的，位于"金字塔"的底部。如果生存受到威胁，人们甚至无法考虑如爱、归属感和目标等更高的需求。所以，首先必须处理好生存问题。这个道理也适用于故事中。

"死亡威胁"是一个强有力的武器，应该谨慎处之。通常情况下，在一个合适的体裁中，如果这种生命威胁即将出现，自此，它们必须全程一直存在，而且我们要试图做到让观众不再去忧虑那些更小的风险。

假设我们可以避免这些陷阱，生死赌注足可以让我们勾选"改变命运"这一写作元素作为故事构思的七个关键标准之一。还有什么比完全失去生命更能体现"改变命运"的事件呢？我想应该没有了吧。

其他任何事件

如果我们并不是以现实中生命被剥夺或受到威胁作为叙事体裁或故事背景，那会怎么样呢？其实大多数怀揣写作梦想的人都不会基于真实的生活威胁去写作，一般来说，他们创作的戏剧或喜剧中的人物都会遇到各种问题，但死亡的潜在风险并不会摆在明面上，那又会怎样呢？

我们必须确保可视的风险足够大。可喜的是，不管是在喜剧还是在戏剧中，没有人希望看到充满悬念的生死之战，我们并不想看到激烈的动作戏。但为了让他们对我们的故事产生足够的兴趣，就必须根据自己的故事类型，添加另外一些巨大的风险。

有什么比"生死"更重要呢？

如果将侧重点放在改变不堪生活中所遇到的威胁上，可以说是一个不错的立意，这一威胁非常恐怖，一旦发生，势态将不可逆转。（或者承诺，如果故事的目标得以实现，故事中的生活情形就会立刻好转。）

理想情况下，如果主人公的生活（也可能是他们试图帮助的其他人的生活）几近崩溃，即使表面上看起来还好。那么，他们获得幸福、成功以及过上梦寐以求生活的机会就在眼前了。

大多数成功的故事通常会将下列因素之一置于风险之中，我们按从高到低的顺序排列：

一、生命本身

如前所述，不管是全人类的命运（《世界末日》）还是个人的命运（《地心引力》）都可以置于危险之中。

二、面对恐怖罪行，伸张正义并防患于未然

这包括一些调查性的故事，会涉及某些以非常独特的方式遭到谋杀或受到伤害的人（《48小时》《十二宫》《唐人街》《聚焦》《永不妥协》）。理想情况下，观看英雄努力查清真相的过程非常有趣。

三、自由与民主

观众认为角色被困在一个可怕的情景中，这是他们逃离或释放的根源。这一类型既包括最严肃的戏剧型情景剧（《为奴十二年》），也包括偏向喜剧风格的剧本（《上班一条虫》），以及介于两者之间的一切剧本（《飞越疯人院》）。

四、维系家庭与个人生活

这一条可能涉及如何安全回到家中，如《绿野仙踪》《海底总动

员》，甚至是《落难见真情》。如果有什么东西会威胁到甚至要打破自己珍视的生活状况（《乱世佳人》《玩具总动员》《窈窕奶爸》），也会对推动剧情起到良好作用。观众会联想到他们所珍视的宝贝们都处在危险中。从感情上讲，这是不是意味着就要失去生命了呢？

五、与最佳生活伴侣快乐携手共进

在任何一个要求获得观众支持的故事中，最主要的就是建立一段关系，我们必须从一开始就对这段关系的发展设置一个巨大的障碍，直到最后这个问题才得以解决。这种"障碍"必须是外在的，而不仅仅是主角之间的内在障碍。面对这一障碍，他们怎么做都无法解决，这其中必定蕴藏着一个巨大的原因，就像其中一个是吸血鬼或美人鱼那样。也许有人已经把原因说出来了，或者他们的家人处于敌战状态，又或者他们在其他方面是对手，甚至是敌人。

就像《救猫咪！》在描述这种故事（它称之为"巴迪之爱"）时，观众必须意识到这两个人才是彼此的最佳伴侣，这样，如果他们最终没有在一起，他们绝不会获得属于自己的幸福。至于故事基调，从严肃的、戏剧性的（《罗马假日》）到轻喜剧性的（《婚礼傲客》）作品都可将这一点容纳进来。

六、赢得更好的职业生活和未来前景

这是一个棘手的问题，因为大多数故事都是关于某人在某个特定工作上取得了成功，但对观众来说，这些故事并不具备"足够高的

风险性"。光从工作上，往往感觉不到风险的存在，因为一个人总能得到另一份工作。即使在一个人试图拥有理想工作的故事中，如果得不到这个工作并没有什么其他影响，那么，我们大多数人也都不会受到什么影响。至少生命没有受到威胁吧。要想让职业风险发挥作用，就必须让一个角色所拥有的一切看起来都岌岌可危，他们的未来之路和幸福感都将取决于自己是否会成功地获得一个"职位"。他们通常要给人们带来这种感觉，即出于道德品质，他们往往要比那些相同职位的员工更优秀，但那些人却会以各种各样的方式，使他们在生活中处于不利地位。因此，在求职方面，我们就产生了一些小众影片，如《当幸福来敲门》《上班女郎》《甜心先生》。

七、为了获得一个可以改变人生和自我的重要奖项，付出了很多

这在《追梦赤子心》《洛奇》《少棒闯天下》等"体育电影"中经常看到，体育竞技实际上是为了获得对主角和其他人意义深远的东西，让我们觉得，如果他们能站出来参加比赛，他们就会名声大振（如果他们不能做到，他们可能陷入一种非常沮丧的生活中）。体育竞技胜利本身并没有那么重要，也不是那么引人注目，但竞技体育所承载的内涵，以及超越运动本身之外角色所要承担的巨大风险（和其他团队成员）才是最重要的。我们可以把《四十岁的老处男》归到这一类。找到一个伴侣合法地结束自己的处男身份，是主人公必须要做的事情，这样他才能进入更好的生活。

八、获得幸福的机会（会受到生活环境的威胁）

这是另一个很容易被滥用或误解的问题。很显然，所有的角色都想得到快乐，快乐是一种内心的状态，甚至是一种内在的选择。因此，要想让这一点成为故事中的一则风险，通常情况下，人们必须以某种方式将处所的势态具体化，并且要让观众相信角色只有抓住这次机会，才能够活得体面，才能过上幸福生活。不知何故，他们的幸福感或过上幸福生活的机会似乎受到了极大威胁，这反映在他们的生活环境与人际关系中，以至于观众希望他们像普通人一样去处理好这个问题，如《普通人》《杯酒人生》《头脑特工队》。（请注意，后者实际上做到了如何将内部问题具体化。）

在成功的故事中，这种类型的风险次次都发挥了作用。但如果所提供的风险与此列表中的并不太符合，而且风险系数也不够大，故事的发展进程往往就会磕磕绊绊，并不顺利。例如：

1. 对于主角或其他配角来说，他们取得的任何成就（不管整个过程有多么困难、多么耗时）都不会改变自己的命运。

我们需要看到的是自己所关心的那些人，他们在实现目标的过程中（以及在追求它的过程中），命运是否会因此发生重大变化，他们的生活相比以前，是非常幸福，还是异常糟糕。目标本身并不重要，重要的是这个过程对生活所产生的影响。

2. 有关工作或事业上的成功——前提是这是一份生活中非常重要的工作，绝对不可能也永远不可能在其他地方得到。

如果没有更大的风险，工作或财务上的成功本身往往不会打动观众（甚至看起来会显得微不足道或者很自私）。

3. 学习一些新的东西或改变一下内在的态度、信仰或个人品质。

过多展现内在的态度、信仰、个人品质，效果反而会适得其反。不过，如果与外部的高风险结合起来，应该可以发挥很好的作用。

4. 更大冲突范围内的军事斗争，并不代表这是一个能凝聚观众情感的"使命"。

对观众来说，那些专注于一个特定的任务，有着非常明确和重要的利害关系的战争题材，或者是关于个人遭受巨大磨难甚至付出生命代价的战争题材，都会获得不错的评价。如果观众对那些常见的"某个时期的历史题材剧"或涉及战争中一系列战斗的电影不是很感兴趣的话，往往很难让他们打起精神来。

5. 有些关乎快乐与健康的问题，没有给生活带来具体而巨大的变化。

追求幸福是一个永恒的目标，但观众似乎需要的是，角色在与极端困难的外部环境抗争后才会获得幸福，这样观众也会感受到幸福的来之不易。被称为幸福的内在状态或选择，这个概念过于模糊，以至于很难用戏剧化的方式来支撑一个故事。

6. 需要有单独做出决定或获得内心成长的这一刻。

大纲有时会过于呈现角色"必须做决定""必须学习""必须成为什么"等这样的内容。要注意这些都是一些内部的因素。诚然，一个角色为了面对外部的挑战，往往必须做内部心理建设，但最终，故事的核心理念还是应对外部挑战。任何这种内部的"必须"都需要在前面、后面，或者在其他方面注入一个具有挑战性的外部因素，并且这种挑战要符合前面我们所列出的各项标准。

7. 一个没有同情心的人蜕变成好人。

正如我们在"相关性"这一章节中所说的，观众一般不会在第一幕中被一个没有同情心的角色所吸引，即使他们最终会得到改变，成为一个好人。

角色要忙于处理自身事务

"改变命运"也指的是主角为了解决故事中核心的挑战而必须经历的事情。我们之所以需要一个巨大的、具有惩罚性的外部困难，是因为它迫使主角离开他们的舒适区，进入一个即将考验他们、锻炼他们，甚至也许会从根本上改变他们的环境中。他们将会彻底摆脱之前的一切。

这就是无论他们即将遇到什么挑战都必须是独特的，甚至是一生只会遇到一次的重要原因，他们从来没遇到过这种挑战，这就对他们的能力提出了更高的要求。他们需要做自己从未做过的事情并且要获取应对新情况的能力。通常情况下，当一个故事发展到中间那部分时，人物会处于一个陌生的世界或情境中，他们犹如一个被击败的丧家之犬，在努力地探索如何才能渡过难关。

当角色以平常的方式处理一些日常事件时，故事却在叙述一个不正常的生活。故事所讲述的是，人物们因走投无路而进行一段非凡的旅程。出于一些非常紧迫、非常有影响力的事情正在发生或已经发生过了，他们只有这一个选择。

一开始英雄往往是不情愿的，因为我们谁也不想让自己的生活发生重大变化，但很多事情都岌岌可危，结果也没有定数（事实上，在大多数故事中，我们甚至可能失败）。我们往往会比较懒惰，我们可能无法完全满足于当前的生活，甚至会相当沮丧，但这并不意味着我们就愿意去冒险。故事的主角都是一样的，总要有一些东西来震撼到他们，真正震撼到他们的世界，才能迫使他们去迎接一个重大的挑战。这就是所谓的催化作用。

但问题是，他们倾向于依靠自己以前的行事方式继续在一个新的情境中处理事件、看待世界和自己。这对于解决问题并不起作用，但这一模式不会永远持续下去。新的情境会迫使他们去采取新的措施。事实上，这就是许多故事的全部意义，它们让角色由内而外地发生了改变，所以到了最后，角色与最初的时候相比会有很大的不同。通常这一改变会让角色非常满意，会让人觉得所经历的一切都值了。观众可以和角色一起踏上这段旅程，甚至可以通过目睹角色一点一滴的变化获取灵感。

在大多数成功的剧本中，主角都是从故事开始时就受到来自生活的各种限制，他们逐渐从中成长起来，但仅仅是迫于故事的外部挑战，他们才会这样做。这些角色，和我们一样，不愿意去产生质疑或改变自己的内在动力。他们只有在别无选择时才会这样做。即使是最具成长空间的角色也不会把"内在成长"作为故事的主要目标。事实上，他们更有可能去抵制任何肉眼可见的压力。他们试图在不改变自身内部情况的条件下去解决所遇到的问题，但并不起作用。所以，我们通常看到的是他们的失败，以至于一切似乎都无望了，这大约会占到故事篇幅的四分之三。

只有在最后一幕，主角才有最后一次机会为他们想要得到的结果而战。越过故事本身来讲，这场战斗通常会让他们产生不同程度的改变，这是一次非常有意义的成长，会伴随主角度过余生。这就是故事对人物和观众真正产生影响力的原因。

未满足的需求

我认为一个好故事的标准是，剧中的主人公经历了最困难、最重要的事情，而这也永远改变了他们的生活。一般来说，故事片、小说和戏剧都符合这一特点。在某些情况下，如果你把每一集和每一季都加起来，整体去分析，你会发现这部电视剧是真实的。但在电视里，从每个剧集中一个个小故事的角度来看，整个"故事"效果会更好。在这些人物中，没有谁的总体生活和整体幸福总是处于危险中。（除非这个节目的背景设定就是主角们的生活总是处于各种危险里。）

这并不意味着每个角色在每个故事情节中所面对的困难对他们来说都不那么重要。实际上，这些小困难就那一集而言真的很重要。这通常代表了，角色们要想得到对自己和生活（或他们的生活继续在一个快乐和健康的基调上）更为重要的东西，就必须现在把困难解决掉。只是在大多数系列剧中，解决这个问题并不能极大地改变他们的生活。相反，这会让他们的生活回到常态，大多数剧集开始和结束时所呈现出的生活状态并不是他们想要的，但到目前为止，他们的生活还不至于陷入大规模的危机中。

受到好评的角色往往想要得到一些他们不可能拥有的东西，在一个系列剧里，他们永不会真正拥有这些东西，即使这对他们来说似乎至关重要。每个角色的生活中都有一些令人不甚满意的地方，他们向往的生活很遥远、很梦幻，他们永远无法过上这样的生活，但他们却一直处在细致入微的努力中，这就是整部剧的焦点。

这些"未满足的需求"通常源于人们都会有的欲望，这就是剧情发展的推动力。每个角色都会用一集的时间去追求或处理他们未得到满足的那部分欲望，这仿佛是整个欲望的一个缩影。引人注目的是，在某种程度上，他们也会受到所处世界的围困，以至于无法获得他们一直希望拥有的那种生活方式。

例如，在《人人都爱雷蒙德》这部剧中，雷（Ray）幻想着能在电视上看体育节目，幻想着和妻子想发生多少性关系就发生多少性关系，而且永远不必处于冲突之中，也不必因作为父亲和丈夫被迫承担更大的责任。不过，他的妻子黛布拉（Debra）则想有一个能够理解她、帮助她，什么事都站在她这一边的丈夫，并且可以让讨厌的公婆远离他们。他们两个都无法过上自己梦想的生活。从本质上讲，该剧讲述的是幻想和现实之间的冲突。实际上那个系列剧中的每个故事都源于此。

诚然，有些电视剧中的角色要解决谋杀问题，要治愈病人，要争论案件，或要杀死僵尸，但大多数电视剧和几乎所有的喜剧都会以一个渴望实现却又未被满足的基本需求来驱动故事的发展，并牢牢抓住观众的胃口。大多数故事都是角色们围绕着这个中心愿望展开的，他们去追求自认为会让他们的生活变得更美好的东西或与那些似乎会让他们的生活变得更糟的东西做斗争，整个过程都不乏观影的娱乐性。

理想情况下，观众会对他们的想法表示理解，甚至感同身受，每次都会有很不错的观剧体验。

通常这种"幻想"是一个角色对自己生活的主要期许，这与其他人对待他们的方式、他们在生活中的地位以及他们的基本生活状况有关。这一幻想通常比任何一份工作、一段关系或一个可测量的目标都要大，尽管一个特定情节可能只会聚焦在一些类似的小事情上。通常，这种幻想会与爱、归属感、尊重、自由或在自己选择的最佳生活中取得成功的能力有关。这个故事关系到他们所渴望的生活，即他们渴望自己转变成希望别人看到的那个样子，并过上自己梦想的那种生活。

在一个系列剧的想法中，我所找寻的是一个核心性的东西，每个重要的角色都会因此受到困扰和挑战，以至于他们不会得到自己想要的生活，永远都不会。像其他故事类型中的人物一样，因为他们没有得到自己想要的，就不会快乐。他们可能偶尔也会感到满足，也会犹豫不决，但大多数情况下他们是在遭受痛苦并处于挣扎中。他们始终关注的是，他们每天都受到各种困扰，每天都这么沮丧，为什么就是得不到自己想要的东西。可以说，"风险"就存在于此。

但与电影、小说或戏剧中角色不同的是，电视中的角色永远不会把风险彻底解决掉或令风险有所改变，否则，节目也就不用进行下去了。任何系列剧的核心都是这些持续困扰着角色的问题，最理想的情况是，只存在一个会影响到每个人的大问题。这些问题只可能发生一丁点变化，而不能完全得到解决，因为正是这主要的困难，始终伴随着角色来推动每一集剧情的发展。

"改变命运"清单

如果你的想法能够达到以下这五点说明，那么剧本应该可以满足"改变命运"这一要求了：

1. 整个故事中的风险显然与本章所说风险中的一项相匹配。

2. 人物所遭遇的问题、要取得的目标以及要采取的行动都主要聚焦在他们的外部生活环境中，而不是他们的内心世界。

3. 这些风险存在于整个故事中，而不仅仅是在上半场或在最后一集。

4. 可能失败的负面后果，对个人来说，非常明显、不断增长，并且有很强的相关性。

5. 对主角来说，这是一生一次的挑战，它会迫使他们做出一些根本性的改变。（在一个系列剧中，某个情节只是这样一个挑战的缩影，人物的变化也非常有限。）

如何写出
好故事：

HBO 大师
写作课

第七章

娱乐性

他们称影视业为娱乐业是有原因的。当作家得到报酬，以写作为生时，通常是因为他们已经知道了如何操作才能使观众产生娱乐感。他们的工作始终如一，以至于人们会去选择他们所写的作品。

这听起来很简单，对吧？然而，大多数作家并不是一开始就把娱乐性放在首位。相反，他们把注意力放在很多其他事情上，这些事情可能很重要，但通常不利于在市场上取得成功，除非他们把"娱乐性"放大。

娱乐与特定的体裁有关。观众消费特定类型的作品是因为他们期望从中获得某种情感体验。比如，他们会笑，会感到害怕，会被感动，会被吸引住，看到令人惊奇的动作场面，会被带到一个幻想的世界中。作家的部分工作就是找出观众想要哪种"娱乐性"，然后做好有效的输出工作。

从观众的角度思考，是什么让人们愿意花钱去消费一个故事呢？是什么促使他们愿意为百老汇的演出，或是一部电影去掏腰包，又是什么让他们愿意花钱订阅HBO或Netflix？是什么激励他们愿意花钱去占用精力看小说呢？

一般来说是因为他们想得到娱乐感。他们认为，去体验那些令人着迷的故事，会让自己从内心深处被深深吸引住，会得到一种主观上的享受。他们决定把宝贵的时间、金钱和注意力投入某件事上，并希望得到一些回报。他们是一种产品的消费者，与他们可能购买的任何其他产品没有太大的区别，他们只是希望从中得到某种结果。

因此，就像其他任何一种业务的供应商希望拥有一个庞大、快乐、付费的客户群一样，作家也希望提供给观众他们所追求的那种价值。

但要做到这一点并不容易。一方面，观众不能确切地告诉我们什么最能取悦他们。他们往往不知道自己想要的东西是什么，直到我们呈现给他们。他们可能会指出他们过去喜欢什么，但作家不能只是重复或复制他们已经消费过的东西，还期待产生同样的影响。

一般来说，作家首先要确保自己的项目能让自己感到开心，而且是发自内心地喜欢它。为了创造出我们最好、最真实、最有影响力的作品，不管是哪种类型，重要的是我们需要对它充满激情，需要让它取悦我们。但最终，我们也要试图在陌生人身上创造某种情感体验，去试图操纵他们的感情。

大多数作家并不是因为他们想那样做才开始尝试的，甚至于很多人并不想尝试在作品中添加娱乐性因素。大多数作家初涉写作时的作品并没有明显的娱乐性，相反，他们会写一些没有动作情节、没有紧张的悬疑、不涉及喜剧因素或其他没有明显娱乐元素的戏剧。也就是说，他们是以一种现实的方式记录正常的生活。

这也无可厚非，毕竟可信度才是要优先考虑的。正如我们所说，在娱乐的祭坛上牺牲那些善于"写实"的作家通常会适得其反。如果他们仅仅是为了产生娱乐效果而去添加娱乐因素，就会错过重点，因为他们没有真正创造出让观众喜欢的娱乐性效果，并没有给观众足够的理由去对他们的作品进行消费。

帮助观众逃离现实世界

在某种程度上讲，娱乐性其实就是暂时逃避自己的正常生活。我们会体验到一种或另一种高尚的情感，这个过程很有趣，因为在这一段时间内，你会深入地潜入另一个人的生活中。成功的故事通常会找到一些方法，让观众脱离"正常的现实生活"，并将他们推到一个真正令人愉快的领域。

得到一部自己最喜欢的电影、电视节目、书或者剧本，几乎就像是得到了糖果那么开心。消费是一种快乐，甚至是一种罪恶的快乐。一个人若能参与到故事中，感受到在日常生活之外如此美好的感觉简直太不可思议了。正常的生活和时间似乎都停下了脚步，甚至，直至剧情结束，或者当他们因其他事不得不先暂停观影时，依然会沉浸在悲伤的情绪中无法自拔。我们以前都有过这样的感觉，也许这也是我们想成为作家来创作会对人们产生积极影响的故事的原因之一。

这意味着我们不仅仅要写一些自己感兴趣的东西。有趣固然是好的，甚至是很有必要的，但仅仅这些还不够。上一段并没有描述人们对一个有趣的故事做了什么，只是描述了一种强大的情感互动。

　　不管我们的故事有多"有趣"，也只是人们消费故事的一小部分。除了有趣之外，他们所寻找的是能够让他们在情感上有所投入的东西，一种可让他们进入某种状态的感觉。事实上，如果这个作品足以令观众感受到娱乐性的话，它甚至于可以忽略"有趣"这一点。

　　极具娱乐性是一张王牌，它可以在商业上胜过其他我们已经提及过的六元素。如果你能够让大多数人感到娱乐性，创意性与意义性也会得到一定程度的传递。如果你足够细心的话，与大多数人相比，你还可能会将可信度扩展得更好。如果所发生的事情对观众有极大的吸引力，以至于他们持续沉迷其中，那么观众与某个特定角色的关联度也就显得不那么重要了。另外一个可能必须存在的因素，就是"惩罚性"了，因为如果你不给你设定的角色施加持续的压力，剧情会很难变得非常有趣。这一点与"娱乐性"似乎是并驾齐驱的。

　　但我并不认为涉及了"惩罚性"，就可以不把其他五个要素当回事，同样也不能证明某项能力要求高于大众的工作就是有趣的。最好的以及最成功的故事，包括那些能引起不知名作家注意的故事，通常都把七个问题要素囊括其中。

我们所喜欢的感觉

要想让观众感受到娱乐性，这就意味着我们向观众所讲述的故事不仅仅要与他们有关联性，不仅仅要引人入胜，还要让他们能切身感受到人物和故事。这一点很有必要，但往往不足以使一个作家获得成功。

相反，观看（或阅读）这个故事本身应该是一个令人愉快的过程，在这个过程中，剧中的人物、动作、活动、视觉、声音等始终令人感到愉快。

其实这不仅仅是因为这部作品令人感到愉快，它必须能够使观众达到与作品体裁一致的，且相当强烈的情绪状态。观众其实是希望在消费一个故事时能体验到这些。换言之，如果看喜剧的时候，他们几乎不笑的话，就会很失望。如果看惊悚片的时候，他们最好全程都感受到恐惧和紧张。

每一种体裁都有能引发观众产生情感共鸣的特殊之处。但并不是每一种强烈的情感都能在娱乐中得到满足和追捧。例如，没有人愿意付钱去体验绝望或内疚的感觉。而且，观看角色处理金钱问题、承担医疗挑战、处理争吵关系或现实生活中常见的许多其他事情，通常都不会体悟到"娱乐性"。我们通过故事来逃避所有这些生活中的场景，并被激发去感受以下一种或多种"娱乐"性的情绪，这些情绪可以相互混合、相互匹配，也可以相互重叠：

一、娱乐

我们都喜欢笑，并且各种各样的喜剧是所有媒体的中流砥柱。但当人们接受喜剧时，他们所期待的并不是偶尔才会感到好笑。他们希望尽可能地多笑，最好是大声地笑，这才是重点。这也是他们去看喜剧的原因。如果一个作家并不想去制作一部非常搞笑的喜剧，而是想呈现一种平稳型的喜剧，那么他们可能就得用其他一种或几种比较强烈的情绪来弥补了。许多作家并没有完全接受让人发笑这个任务，也许是因为这听起来太过宽泛或过于愚蠢，所以很多作家很容易落入这个陷阱中。所以他们称自己的作品为"正喜剧"，并称它兼幽默与戏剧于一身。这种剧有时也能奏效，但通常并没有那么有趣，也缺乏真正戏剧中的那种情景、场面和风险，正因为这点，对弥补真正的喜剧没有起到多大作用。

二、恐惧

就像万圣节的过山车或鬼屋一样，故事可以成为体验恐怖和恐慌的安全场所。不知何故，我们在别人的经历中产生了强烈的情感共鸣，但又不会像他们那样真的处于危险之中，这对很多人来说是一件很有吸引力的事情，特别是当恐惧的源头被征服了，而观众所关注的人物也幸存下来时。

三、着迷

要让人们真正对他们在故事中所看到的情节入迷绝非易事。通常，我们需要向观众展示一些具有真实情感的东西、可感知的风险，以及真实的场景，这样才能让他们目不转睛地对着镜头。剧中所发生的一些事情非常有趣，以至于他们会全身心地投入剧情中，去观察、挖掘到更多的信息，并深入了解这究竟是怎么一回事。当事物发展到比生命更为重要时，显然已超出了他们的经验范围，面对这么重要的情形，观众自然会沉迷其中。但请注意：有些东西可能很有趣，但并不会引人入胜。着迷显然要更为活跃、更为感性、更为尖锐，也更为极端。

四、震惊

波动曲折的故事真的会让我们感到震惊，会引起我们的注意。狂野和不可预知的人物、事件也是如此。有趣的故事往往会涉及一些反常的情况和离谱的人物，而我们在日常生活中往往接触不到这些。只要这些人和事是可信的，而且与故事中心存在一定的联系，观看起来才会是非常有趣的。

五、欲望

我们喜欢看漂亮的人，在某种程度上，欲望被激发出来时所表现的样子和所采取的行为，也是有原因的。如果一部电影只想用纯粹的欲望来使观众获得娱乐性，可能会被视为色情片，但它会考虑到观众特别喜欢看到特定角色的特定表演者，因为这也是他们选择看这部电影的一个因素。这不仅仅是选角的问题，而是你必须以这种方式去描写人物和场景，在某种程度上，观众在观看人们做他们所做的事情时，也对这些基本情绪有一定的把握。

这不仅仅适用于人，也适用于物质对象，汽车、家庭、生活方式，甚至是景观。每当观众在想"该死，我希望自己拥有那个"，或者"那只是一些中看不中用的东西"时，你就是在激活这种情绪。我们可以看一看电影预告片，注意下他们是如何通过动作（突然爆发）、性爱，或仅仅是令人惊叹的视觉效果来自始至终保持这种观影体验的。一些预告片会播放这三种场景，而且预告片中的每一个镜头都会有一种发自内心的"欲望反应"。

六、兴奋

关于恐惧，若简单解释，就是我们的心会因担心下一步可能发生的事情而怦怦直跳，而兴奋是当我们感觉自己卷入一段奇妙的旅程时，屏住呼吸，尽情地投入其中。

感觉我们就像是被带到了一个一切都很重要的情境中，发生的所有事情都会让我们激动不已，如同一个伟大的体育赛事，每时每刻都吸引着我们的注意力，让我们完全投入其中。在写作中，我们一直想要营造出一种紧张感。这样，观众就被剧中的情感和冲突深深地吸引住了，而后发生的每件事都会以一种非常吸引人的方式令观众更加不可自拔。他们坐在观影区，头就要伸进大荧幕中去了，或者在阅读时尽可能快地翻页。此时他们已失去了时间感和空间感，完全投入剧情中。

七、敬畏

这可以说是欲望的表亲。敬畏可不仅仅是中看不中用的东西。我们可以对所看到事物的规模、挑战的难度或性格中体现出的品质感到敬畏。虽然欲望可能让我们发出"该死"这样的感慨，但敬畏会让我们发出"哇"这种赞叹的声音。这更像是一个令人颇为叹服的奇迹，就像第一次走进威利·旺卡的巧克力室，或是看到杰克·拉莫塔在《愤怒的公牛》中与舒格·雷·罗宾逊搏斗。这不一定是件好事，只是会令人感到惊叹。

八、浪漫的爱情

在注重浪漫关系的故事中，我们往往因情感上的投入，而间接地成为其中一个角色。因为我们对他们所经历的一些事情似曾相识。浪漫的故事在某些方面会引发观众强烈的情感，比如自己与某个人的关系，希望自己能够得到别人的注意、理解、支持，以及与自己真正想联系的人建立联系。在浪漫的故事中，我们通常必须强烈认同主人公对所选伴侣的占有欲与爱。当然了，有些东西会阻碍冲突的发生，但对大多数人来说，如果生活中只有爱情的话，会是一种非常吸引人的经历。

九、共鸣

我们应该总是以某种方式使观众与一个故事的主角联系在一起，但是如果我们把"关联性"发挥到极致，观众可能觉得特别不可思议，自己怎么会与一个角色有这样的联系呢？以至于他们对剧中人物的感情愈来愈深，并能强烈地感受到他们所感受到的一切。这几乎等同于观众和角色之间产生了一段恋情，这种关系真的会令观众很愉快。

十、热切的期待

故事令观众有所期待：他们渴望看到接下来所发生的事情，所以会不断翻页，无论发生什么，都要继续观看。这通常意味着重大又重要的冲突在发挥作用，同时也伴随着巨大的风险，观众迫不及待地想看看他们的结局如何，也意味着这一阴谋出现了令人意想不到的曲折，甚至到了令人震惊或离谱的势态。最后，我们希望观众进入故事情境中时，对角色和发生的事情非常关心，相比起来，其他事情对他们来说反而都无关紧要了，仿佛他们变成了剧中的角色，他们正在解决一些特别重要且棘手的事情。有太多事情处于风险中，太多的冲突因素在起作用，太多的变化是因为我们的主角和反派正在进行新的较量，酿造了太多的混乱，太多的阴谋，以至于观众们急得一直在搓手，想"我真的迫不及待地想知道最后的结果是什么"，以及，"她会怎么处理呢"？

添加到"戏剧"中的元素

如果我们的体裁只是一种不涉及生死赌注的"戏剧",那我们就很可能面临一场艰难的战斗,因为很显然,戏剧本身并不具备一个可使观众感到娱乐的方法。它往往会让人感到平淡、无聊,甚至非常现实(意思是根本不是逃避现实主义者),或者是非常凄凉,甚至是令人沮丧的。所以作为作家,必须加倍努力,想方设法在一部戏剧中添加那些可以真正吸引住观众、博得他们眼球的元素。如果没有其他类型的戏剧与之交织在一起,或者不是基于之前一种在其他媒介上非常成功的戏剧进行创作,这样的剧本往往很难有销路。

一部"直白的戏剧"要想在没有生死利害关系或某些程序性调查等因素的情况下吸引大量观众,通常需要具备某些额外的娱乐元素。以下是常用到的十个娱乐性元素列表。注意以下这三十个电影和电视剧,每个是如何至少运用到两个娱乐元素的,这就意味着"戏剧"中至少添加了其中两个元素。

一、滑稽幽默

《欢乐合唱团》

《处女情缘》

《奇异果女孩》

《六尺之下》

《阿甘正传》

《美国丽人》

二、富有、漂亮、名望

《橘子郡男孩》

《唐顿庄园》

《纳什维尔》

《飞跃比佛利》

《朱门恩怨》

《豪门恩怨》

《我们这一天》

《嘻哈帝国》

《国王的演讲》

《日落大道》

《社交网络》

《莫扎特传》

《公民凯恩》

三、周期性设置的高端场景

《唐顿庄园》

《飘》

《国王的演讲》

《莫扎特传》

四、重大背叛、幕后操纵、隐藏的计划

《嘻哈帝国》

《处女情缘》

《朱门恩怨》

《豪门恩怨》

《橘子郡男孩》

《莫扎特传》

《卡萨布兰卡》

《社交网络》

五、作为整体元素的音乐

《欢乐合唱团》

《纳什维尔》

《嘻哈帝国》

《莫扎特传》

六、充满奇观、冲突、情感的活动所产生的娱乐性观影效果

《胜利之光》

《黑道家族》

《六尺之下》

《辛德勒的名单》

《莫扎特传》

《飘》

《愤怒的公牛》

七、充斥着大量相似的性、浪漫、冲突与竞争

《橘子郡男孩》

《胜利之光》

《处女情缘》

《唐顿庄园》

《吉尔莫女孩》

《飞跃比佛利》

《美国丽人》

《飘》

《卡萨布兰卡》

八、蛮横的人们

《黑道家族》

《嘻哈帝国》

《处女情缘》

《朱门恩怨》

《豪门恩怨》

《阿甘正传》

《美国丽人》

《飞越疯人院》

《心灵捕手》

《公民凯恩》

《美丽心灵》

《莫扎特传》

《雨人》

《社交网络》

《日落大道》

《愤怒的公牛》

九、迷人的异国世界

《黑道家族》

《唐顿庄园》

《辛德勒的名单》

《肖申克的救赎》

《飞越疯人院》

《莫扎特传》

《飘》

十、尽管发生了重大冲突，但仍有令人振奋的关于爱情与家庭的描写

《我们这一天》

《吉尔莫女孩》

《唐顿庄园》

《美丽心灵》

《心灵捕手》

《肖申克的救赎》

《雨人》

你可能会注意到这里有一个共同的主题。所有这些元素都会让观众觉得所发生的事情"比生命更为重要"。这些故事在某种程度上夸大了现实生活，却让人看得很开心。

三要素：富有、性感、迷人

在一小时的电视节目中，这些额外的元素对于增强"戏剧"效果尤为重要。我们若是没有涉及生死攸关的利害关系和程序性的"案件"（或是半小时节目中经常出现的喜剧）时，就需要增加一些观众真正想看的东西。这些元素中的某一些相互组合往往是获得商业成功所必需的。而且，相互组合的因素越多越好。成功的节目往往会同时涉及上述所列举的多种元素。

电视剧与电影、小说或戏剧一样，都是为观众提供一种逃离正常生活的方式。或许其更能体现出这一点。我们在星期天晚上9点收看节目，因为我们想完全沉浸在那些引人入胜、充满无限乐趣的节目中。总的来说，我们不希望看到那些充满世俗的正常生活。我们想在类似于《本周历险记》这样的节目中看到一些人物不得不去解决一些棘手的问题，而且在他们试图解决的过程中，事情反而会进一步失控。

在某种程度上，看喜剧会更为轻松，因为如果剧情真的很有趣的话，几乎任何料想不到的事情都会发生。编剧可以在电视上描绘各种各样的人物和情景，只要它们能让人们开怀大笑，能够提供给人们逃避现实的娱乐性。喜剧不需要过多地描绘夸张的生活场景，只要能带来笑声，可以无限地描写"日常生活"。

　　戏剧做到这一点并不那么容易，它必须找到逃避现实生活的一种方式。如果并没有涉及一些生死攸关的剧情，这通常意味着作者必须借助剧中的角色帮助观众实现一些愿望，比如我们大多数人都不具备但可能幻想的一种生活。出于这个原因，电视剧里经常充斥着散发魅力的有钱人，剧中的各种冲突也围绕着他们与其他那些有钱人之间的浪漫爱情故事展开。通常并不是所有的电视剧都涉及这些（或者是纯肥皂剧），但这是许多黄金档电视剧的重要构成元素。观众之所以沉迷于角色的生活里，并不是因为他们的生活与自己的有多相似，而是因为他们生活在一个比自己所认知的生活更为广阔的世界里。

　　在理想状态下，人物之间仍然相互联系，甚至这种关系是复杂而深刻的，整个刻画精辟而真实。但这种"性爱肥皂剧"元素仍然是许多系列剧吸引观众的关键部分。名望、权力、金钱、美貌、魅力、性，以及某些类型的壮观场面都是典型的混合体，它们都是各种系列剧吸引观众的典型元素。

　　我听过很多一小时的作品展示（还有一些我自己的展示），但效果都不好，可能就是因为它们都是对现实生活的真实写照，还带有一些令人悲伤的妥协，没有任何能真正激发观众兴趣的东西，也不能把观众带到对他们来说很有趣的地方。

一个小时的销售理念通常更侧重于逃避现实的因素。理想情况下，他们也会更多地侧重于"某件事"，并展现出观众所关心的那些可信的、令人难忘的人物。但若作家们意识不到他们必须处理好"娱乐性"这一挑战，起初的时候，他们必会跌跌撞撞，想不出任何创意。

"娱乐性"清单

如果你的想法能够达到以下这五点要求，那么就应该足以说明该作品中的"娱乐性"了：

1. 我很清楚自己给观众提供了一种什么样的情感娱乐体验，以及我很清楚为什么自己的作品对他们有足够的吸引力。

2. 这类故事（或系列）和这类体裁的"粉丝"们将会感到物超所值，因为我把这作为自己的中心任务去展开投入。

3. 一些大于生命的东西让故事在观众看来像是逃避现实的乐园，所以他们总是有更多的期待。

4. 作品会关注一些根本的、普遍存在的，以及带动情绪的因素，让观众感觉这是专门为自己量身打造的。

5. 随着故事的发展以及剧中人物的言行举止，观众会持续体验到惊讶、好奇和愉悦的感觉。

如何
写出
好故事：
HBO 大师
写作课

第八章

意义性

假设我们有一个全新的原创故事理念，通过一个特定的类型，使之具有实打实的娱乐价值，里面会涉及一个相关的主角，他在冒着生死攸关的巨大风险积极追求目标的过程中，不断受到打击、惩罚，在某种程度上，所有人都不会对这个构思产生质疑，完全可以被人们理解，也足够真实。

如果是这样的话，我们比大多数作家都要领先一步。如果专业读者对我们要实现的所有这些目标都表示认同（当然，前提这是一个很大的"如果"），那么我们就可以着手去准备这个项目了。但他们和观众可能还会问到另外一些问题，可能问到这个项目成功与否，这之间的差别在哪里呢？问题是：

有什么意义呢？

意思是，我们为什么要写这部作品，观众最终会得到什么？抛开特定的情节、人物和场景来讲，剧中所探索的深层意义对他们自己的生活或常人的生活有什么关联性或价值呢？人们可否将之作为人生的经验，而不仅仅是一个短暂的并随时都会忘却的旅程呢？

换言之，在一天结束的时候，对角色和观众来说，什么才是真正有意义的呢？

这到底是怎么回事

我们所讨论的正是主题。主题是关于如何使生活达到最好的状态，以及如何令生活中的问题得以解决等这些普遍性的问题，这是许多故事的基础。《教父》可能讲述的是一个黑手党老头子的儿子，他接管了家族企业，并尽力维护，但在主题层面上，这个故事却事关忠诚与个性、家庭与国家、天真与经验。整部剧以一种丰富的方式去探索这些问题，而这些问题并没有简单的答案。因此它提升了整部剧的高度，使之不仅仅是一部令人兴奋的黑帮电影。

意义性可能是七个问题要素中必选的一个了，虽说没有意义的项目有时也可以成功。如果一个故事足够有趣，特别是有趣到能够让观众忽视其在意义方面的不足，也是可以的。

但对于开启一项职业，成为一个出色的作家，创造出颇具影响力的故事而言意义性是非常重大的。不知为何，那些最伟大、最重要、最令人难忘的故事，会讲述一些更深层次的概念，从而在很大程度上引起人们的共鸣。这些故事成为一种文化真正的宠儿，不仅为作家赢得奖项，也深深地烙印上了作家的名号。

主题通过故事中的细节来审视生活中的明争暗夺进而呈现出来，这最终会反映一种观点，即世界上最好的生活方式是什么，以及最有效的生活方式是什么，至少当前是这样的。我并不是在举一些简单明了的论据，比如种族主义到底是好还是坏，或者一个人应该自私还是应该付出。一个比较好的主题所衡量的是竞争性的商品或竞争性的罪行，并戏剧性地解释清楚为什么有时很难做出选择，或者说很难做出改变。

答案往往不能过于简单。任何主题的结果或最终的判断都是在故事发展的过程中逐渐获得的，而不是以一种简单快捷的方式抛出。

作家经常会想到某个主题，但往往在写作的后半程才会对其展开探索。一般来讲，对于主题的构想本不必在一开始写作时就涉及。但事实上，对于主题的酝酿，越早越好。有一些作家是基于主题开始创作，他们认为这比讲述一个包含所有其他六种元素的真实故事更为重要。但这么做，通常情况下，其实并不奏效。这样一来，主题往往会变得过于简单和沉重，作家很可能因对自我主题的过度痴迷，而无法或者不愿意采纳写作的其他六要素。

无论主题思想是否从一开始就存在，只要故事的其他要素被设计出来，它们定会在这个过程的后期生长和开花，甚至还需历经无数个草稿，关键性的主题才能真正显现出来。但在某种程度上，我们要主动地去关注主题，这样才能确保故事是在一个更深的层次上发展。

这可能是写作中最棘手的一部分，因为主题不能显现在表面上。这是一个不易察觉，隐藏在表面之下的相互作用方式，它会使其他一切都颇具个性，但本身又不会处于重要位置。观众的注意力总是集中在人物、对话、动作和情节上。这一切的背后和内在所凸显的都是主题，但你又很难触摸到。

我对关于故事如何运作的"戏剧"理论很感兴趣。它的基本前提是，最完整的故事要有四个不同的"发展脉络"同时进行。首先是主角的个人故事。其次是所有人物都关心的大局势。然后是所添加的一些非常有趣的东西，即一个有影响力的角色出席会刺激主角做出一些根本性的转变。第四点是这两个角色之间的关系，这通常也是故事中最有激情、最重要、最深入的关系。

这种"影响力人物"通常不是对手，而是他们的盟友、爱恋对象或导师，就像汉尼拔·莱克特（Hannibal Lecter）或欧比旺·肯诺比（Obi-WanKenobi），又或是《窈窕淑男》中的朱莉（Julie）和《街区男孩》中的博伊斯（Boyz）。

只要确保一个故事有这样的人物和人际关系，就可以给作品增加深度和个人要素，否则极可能会缺乏深度。这与《救猫咪！》所呼吁的"B-故事"是一个类似的概念，这种关系中往往会涉及巨大的冲突，并会突显主题。这一主题往往与主角的成长变化紧密相连，在剧终的时候，主角会发生很大的改变，而这种关系又会推动这种潜在的变化。

戏剧性显示，这四条发展脉络中的每一条都探讨了两种对立价值观之间的特定主题冲突，而这种冲突会在镜头中不断出现。所以，一个人可能关注自信与忧虑，而另一个人可能关注本能与条件反射。

不管我们是否认同戏剧性这个观点，这是任何故事中最难以捉摸的一个方面——如何以一种看似可信、自然但最终仍能引起共鸣的方式，巧妙地在人物和情节的表面下传达这些主题。

一个角色的变化轨迹做到博得观众认可并不容易，必须让他们感觉到自己赚到了才可以。剧本中存在一个很常见的现象，有些角色在剧情的最后似乎猛地一下就改变了，然而观众并没有看到他们是如何变成这样的，以及他们为什么要变成这样，其中存在很多疑点。仅仅是因为作者希望他们有所改变，所以他们在剧末就立刻与众不同了。但整个发展的脉络并没有成功地贯穿于剧本的各个层次，以至于读者不能感受到这一演变的真实性，也并不会对这一变化深信不疑。

在某种程度上，主题和人物的变化必须不断出现，要贯穿于整个故事的发展，这样故事的结果才会有意义，观众也会随着剧情的跌宕起伏最终获得一个满意的答复。无论何种压力使得主角考虑去改变自己，都要明确一点，这一压力必须自始至终地产生某种影响，这样观众才会自然而然地接受角色最终的改变。

主题不一定在日志中突显出来，日志应该集中呈现故事所围绕的主要问题和原创性、惩罚性、相关性，以及娱乐性等问题。但是，如果我们想把日志扩展成几段摘要，篇幅上有整整一页，我们肯定会想提示些主题元素，这样读者就能真正了解故事的"内容"了。但即使那样，如果我们在讲述故事的时候，有意去讨论主题以及角色所经历的变化，效果往往并不好，会让观众嗤之以鼻，深表怀疑。因为这一切都看起来太草率了。因此，人们倾向于将这些隐藏或嵌入故事和人物的发展过程中。就像剧本本身一样，读者通常应该是感受和感知主题，而不是被公开地告知主题是什么。

有时，人们会问我，你写了一个什么样的故事呀，其实他们是想问："你想用这个故事来表达什么，你为什么要写它，为什么只有你能写这个故事，这个故事有什么意义，除此之外还能让读者有什么更大的收获吗？"他们可能只会问到这些问题，因为他们对故事的立意问不出想要的东西，其实他们是在礼貌地询问我创造这个故事的源泉。但也不排除例外，他们也可能问到别的问题，因为他们对其他问题元素很感兴趣，所以想更进一步了解整个故事的宏图。

主题问题是他们最后才会关心的，对于这一点，不无道理。如果我们以主题为首，很有可能吊不起观众的胃口，或很难把自己的创作理念推销给观众。但主题却有助于将他们的兴趣作为交易成功的最后一部分，从而使整个项目颇有分量和深度。

有时候，一个作家对这些问题不会有确切的答案，他们也没有真正考虑过。对他们来说，这只是一个有趣的想法，他们没有考虑到它必须存在一个更大的"意义"。再强调一遍，有些故事没有明确的意义，仍然可以成功。但通常情况下，作家们都希望自己的作品有意义，这也正是他们写作的初衷。那意义存在于何处呢？通常，它来自自己与故事基于个人层面的联系，以及自身的某种经历。

在某种程度上，我们是被自己的生活经历、强烈的情感和信念所激励，从而我们所输出的作品是对个人生活的一种折射。理想情况下，故事的理念是在情节表面的虚构元素下，去深入挖掘一些属于我们自身的东西，我们的魅力和激情为创造提供了动力，同时它为我们对自己的信仰做出价值评判提供了一个机会。

这不仅仅是让一些角色显得更"好"而另一些更"坏"的问题，而是公开和明显地去评判好与坏往往让人感觉不真实、不可信或不有趣。更为重要的是，对观众希望在故事中涉及各种抉择、行为以及结果的内容，进行汲取并加以巧妙地描述，我们将展示哪些行为会起到作用，哪些又是无效的，以及角色所选择的道路会面临怎样的结果。到了剧中的时候，我们发现所发生的一切都是有意义的。观众可能无法准确地用语言表达出来，但他们觉得自己目睹了一些能引起共鸣的东西，如重要的、深沉的，以及掩藏在背后的观点。

当一个剧本真正让人感到丰富且有意义的时候，人类的处境是以一种新鲜而具体的方式呈现出来的。主角的旅程，就是关于他们如何影响自己所处的世界（以及他们的世界如何影响他们），如何与观众产生共鸣，如何对他们产生持久的影响。

想想下面几部奥斯卡最佳影片是如何明确地展现出更深层的主题，让人们可以投入其中的。我们可能无法立即用文字对其总结（尽管这可能是一个很好的尝试），但我们可以肯定地说，这些影片所突出的绝对不止浮于表面的情节：

《绿野仙踪》

《阳光小美女》

《飞行家》

《美丽心灵》

《E.T.外星人》

《美国丽人》

《洛城机密》

《杀死一只知更鸟》

《不可饶恕》

　　这些都不是无关紧要的故事。很多事情都超出了表面的情节和娱乐性，涉及了更深层次的问题。观影结束后，观众会感觉到自己的生活中有意义的问题都已被探讨过了。

直击观众的内心

故事可以通过多种方式变得有意义，并在短暂的消费体验之外给予观众一些值得铭记和被珍视的东西：

1. 这些故事向我们传递了一些有关世界、某个特定问题或亚文化的信息，或者给我们提供了一个新的视角。

2. 这些故事通过所描绘的人物间的战斗、凯旋以及改变，让我们在生活中得到激励。

3. 在角色之间建立联系以及我们与角色建立联系的过程中，我们所看到的每一面美好的东西都在感动着我们。

4. 他们号召我们采取行动，激励我们以某种方式行动。

5. 他们让我们对别人可能已经经历过的或正在经历的事情表示理解，甚至钦佩。

6. 他们让我们发挥了个人的洞察力，来发现自己与某个角色的相似之处。

7. 他们向我们展示了他人的生活方式，可以为我们的生活提供指导以及新的视角。

8. 他们使我们对世界、问题和整个人类有了更广泛的认识。

9. 当我们目睹剧中人物所做出的改变或所面对的结果时，我们也会受到激励去做出某种改变。

10. 他们给我们希望或情感寄托，帮助我们摆脱孤单。

角色不会真的发生改变

与一篇独立的长篇小说相比，电视剧更能对人物、生活及他们之间的关系进行深入地刻画，并能在这个过程中探索到更多的"意义"。对于观众来说，随着时间的推移，定期追踪像自己的角色，会更有影响力和满足感。他们与角色之间的关系越来越像现实生活中的一种关系。正因如此，电视编剧面临的挑战很大一部分则是要创造一个这样的世界，观众希望成为里面的人物，希望过剧中的生活，这样在剧中他们可以很容易地接近角色，并希望与他们长期相处。

同时，电视剧不能提供电影、小说或戏剧所具有的那种"意义"，因为后者都是关于角色和生活的转变，这些转变是有意义的，但都产生于一个压缩的故事旅程。从本质上讲，系列剧每周都对故事进行更新，这些故事基于其他每一集中几乎相同的问题和冲突，所以角色看起来并没有真正获得成长、获得改变或学到很多东西。他们可能也会学到一些东西，做出一些调整，并获得一定改变，但他们主要的内在动力和外在风险必须维持在一个相当的水平上，不只是在每一集，甚至每一季都该如此。

这是刚涉足电视剧行业的作家都会犯的一个新错误，他们会把人物的发展历程作为节目概念的关键。沃尔特·怀特（Walter White）可能在《绝命毒师》的最后一季结束时演变成一个更黑暗的人物，但真正让这部剧一周又一周上演的并不是冰川的演变，而是每一集中出现的巨大问题，所有这些问题都与该剧的核心问题有关，而这个问题在创作之初就确定了。表面上看电视人物的生活变化可能也就是寻寻常常，但在这部剧中，冲突和挑战作为主要推动力（以及角色都是关于什么的）在这方面却发挥不了作用。

作为系列剧创作之初就设定好的内容，这并不意味着他们发现自己所处的情境，不应该仍然符合"改变命运"这个主题。角色仍然会面临着一些巨大的挑战，会涉及生死攸关的巨大风险。只是他们不能在短时间内真正解决掉这些问题，因为系列剧的情节并不是沿着"解决它们的方向稳步前进"。相反，每一集中与核心问题相关联的无数小问题，都会以某种方式得以解决，即使在大问题没有解决的情况下。

例如，在《欲望都市》中，四个女人在与男人的关系的世界里为各种各样的挑战进行斗争，在每一季的每一集中，这都是她们每个人要面临的主要"问题"。每个人都有专属自己的内在品质，这也是造成这些挑战的部分原因，这些挑战必须保持在适当的位置才能让剧情继续发展下去。如果这一切都要解决的话，那就只能在最后一季的最后一集了，他们每个人最终都拥有了一个令人满意并且可长久维系的关系，这一点似乎在发挥作用，使剧情趋于平缓，不再有紧迫的问题，还让观众感觉到，每个人最终都在内心深处获得成长。（他们需要重新振作起来创造更多的故事，直到要拍成第一部电影。）

"意义性"清单

如果你的想法能够满足以下这五点要求，那么它应该就足够有意义了：

1. 故事或系列剧除了表面的情节之外，探讨的是关于人们普遍而重要的问题，这些问题没有简单明了的答案。

2. 角色会受到最根本的、未满足的欲望与需求驱动，他们围绕这些欲望和需求有可能会获得成长与改变。

3. 故事或系列剧的最后部分点明了角色所获得的改变，使得整个旅程看起来非常有价值。

4. 来自故事或系列剧中的一些特定方式会对观众的生活产生积极的影响。

5. 我并没有把注意力放在主题和人物成长上，而是以引人入胜的故事情节微妙地将其展现出来。

如何写出
好故事：
HBO 大师
写作课

第九章

让"问题"
发挥作用

　　我知道，所有这些都是一项艰巨的任务：努力想出符合所有这些标准的想法。但这就是作家要想取得突破并取得成功颇具挑战性的原因，对于那些已经成功的作家来说，他们所经历的一切都是值得的。我们并不是在表明写作这个"产业"太封闭了，和"你认识谁"或"销售什么"也没有关系，甚至于与对话、描述以及故事结构都没关系。但也不能否认，上述这一切确实起到了作用。但对一个作家来说，核心始终是一个"值得写"的故事前提——这甚至比写作本身更重要。即使是真正擅长场景写作、对话和故事结构的作家也难以产生成功的想法。

　　但这是最重要的一部分。

创意来自何方

如何"找到"好点子（以及我的点子是否受欢迎），这个问题一直令我望而生畏。也许这就是我写这本书的原因。随着时间的推移，我（或其他人）意识到，"本该是一部好电影"或"一个还不错的系列剧"的大多数想法实际上都缺乏这些关键要素，这对于作家重塑形象来获得成功往往并不容易。

这只是一件必经之事，会发生在大多数作家身上。我们很少有人能一个接一个地创作出都比较不错的作品。事实上，许多最好的电影、连续剧、小说和戏剧都是作者以这种方式获得突破的少数项目之一（有时是他们唯一的代表作品）。没有人能够做到在一个又一个的想法中持续注入成功的想法，然后把它们变成一个又一个成功的项目。如果这么讲太绝对的话，我们可以换种说法，即很少有人能够做到。我们大多数人的成功率都很低，但我们会继续前进，因为始终存在什么在驱使着我们前进。

当我们谈论创意的产生，以及创意的来源时，这个过程中还有一些神秘的东西，似乎有点超出了我们的意识控制。我们不能只考虑这些问题要素，然后不知何故猛然"想出"一个想法，有目的性地来满足所有这些要素。更为重要的是，我们要将这些标准应用于那些确实能够实现的想法中，以便对它们进行评估和塑造。但首先，我们需要一些将它们应用进去的东西。

大部分的写作过程实际上都是为下一个想法做铺垫，即使只是下一个场景中应该发生的事情。在这个过程中，每一点都需要有想法。以我的经验来看，每当我想办法摆脱分析模式的时候，想法也就不期而至了。这通常包括摆脱焦虑不安的情形，以及更加有兴趣、更加好奇地去提问和倾听答案。当我开车、散步或洗澡时，想法很可能就会出现。具有讽刺意味的是，"工作"中的很大一部分是要学会放松，这样才能让自己的想法流动、活跃起来。

激活这种创造性模式的另一种方法是头脑风暴，以此来讨论出我试图要解决的问题是什么。我提出了一个问题——一个短小而明确的问题，如果得到回答，无论我写的是什么，都会使我的思路又向前迈进一步。如果我确定了正确的问题，并暂时抛开不去想，答案不久就会出现。如果有必要的话，我会从头开始列出所有可能的答案，直到我积累了十个或二十个左右，才停下来对其中之一进行评论。通常情况下，只要我不停下来，一直进行评论分析，一些有趣的事情就会出现。

寻找故事的想法

如果我不知道自己究竟想写什么，只是知道我想写点什么东西呢？我就会开始关注我所感兴趣的东西。当我在消费别人的作品，过自己的生活，对别人进行观察时，会注意到自己真正喜欢和想模仿的故事，包括我想在生活中探索的更多东西。我究竟对什么情有独钟呢？又是什么在困扰我呢？是什么让我感到兴奋？是什么在打动我？这些就是我一直在追踪的事情。

实际上，我的电脑里有一个文档，里面装着几列随机想出的片段，这些片段都曾经在我的脑海中闪过，都可能成为我要写的一些东西。一个专栏里有很多人的职业、生活状况，以及潜在的人物类型。另一个专栏包含的主题是地球上的部分生活状态。第三个专栏涉及的则是活动场所与活动世界。另外一个则是地点与布景。

这些故事本身可能很平凡，但你永远不知道故事的创意来自何方。其中一种做法就是寻找最极端、最离谱，或最具困难的那个版本，或者是最意想不到、最具娱乐性、最新的版本，否则我们会认为所发生的事情都是日常的（比如在拉斯维加斯的单身汉周末——这导致了《宿醉》的诞生）。因为一个可行的故事，往往不是建立在日常事件的基础上，而是建立在一个巨大的、有挑衅性的、夸张的基础上。

另一个有用的做法是集思广益，结合看似不同的元素，看看会产生什么灵感。当我在寻找下一个想要写的东西时，我可能会在一天内专门拿出15分钟来思考，并决定就在这短短15分钟内产生五个想法。也许这听起来不可能实现，但如果使用好正确工具的话，也不是不可能。我从一个专栏中获取一条想法，并将其与另一个专栏中的某个想法配对，看看是否能碰撞出火花。

我会依次在其他专栏中一次取一条，看看如何把第一条和其他某一条结合起来，并且会看看这有没有可能产生一个还不错的结果："如果我必须写一个把外星人和棒球结合起来的故事，那会是什么呢？"除此之外："要是外星人和基因医学结合在一起呢？""又或是把外星人和嬉皮士环保主义者结合在一起呢？"我的名单上可能有上百种元素，我想把"外星人"和它们一一混在一起。大多数人都不会想到这些。但你会感到惊讶，我的脑海中竟然会浮现出这么多有趣的想法，它们有可能演变成故事，其中有些一开始只不过是一两句话的概念，稍后再得到深入探讨。

然后，在另一天，我可以从棒球开始探寻，试图将棒球和基因医学结合在一起，然后是棒球和嬉皮士环保主义者相结合，等等。最后，每个专栏中的每一个项目都可以考虑和其他项目组合到一起，看看能碰撞出什么火花。

我不会再花太多时间在这件事上了，这只是一个轻松的头脑风暴。在每次配对中我只需花费几秒钟进行试探，看看会出现什么，如果可作为一个基本的故事情节，我会在日志中粗略记录下来。然后，我会继续探寻，一直到完成那天的"全部任务"。

如果我这样进行一个月，即使只是在工作日进行，我也会产生一百个想法。之后我会再浏览一遍，那时，我可能已经对其中任何一个想法都不感兴趣了。但也只是可能，我可能还会看到一些产生新想法的线索。

对我来说，最基本的原则是：

记下你在生活中和其他故事中所喜欢和感兴趣的事情，并持续去关注这些。

专注于产生很多想法。

每天固定安排一个较短的时间来做这件事。

创建一个头脑风暴工具，来刺激不同的潜在故事和人物元素之间建立起联系。

对于匹配的结果，不要进行编辑、批评，或试图搞清楚。只是稍微考虑一下可能性，然后把它们记下来。

了解你所喜欢的体裁，对其进行学习，并使之成为你写作过程中的一部分。（同时要乐于尝试新事物。）

对潜在的故事片段或问题保持好奇心，期待在不经意间得到答案。在这个过程中尽情放松就可以了。

在想法即将出现的途中，花点时间去做一些其他活动，比如散步、开车、骑自行车。

最后，但并非最不重要的一点是，你要努力理解是什么使得一个故事想法切实可行，也就是说一个想法要想行得通，关键要素是什么，从而使它成为你的第二天性，成为你生成每一个潜在想法的过滤器。

再说一次，我们的目标是，产生一系列的想法，以及持续性地产生、记录这些想法，并让它们得以升华。毕竟，你的新任务是，不要一开始就去写让你感兴趣的东西。因为现在你已经意识到，作为一个作家，在真正提笔去写这方面所做的工作远比你想象的要少，而更多的工作要投入在决定写什么上，也就是你的创作想法。

被高估的天赋

因为写作是一个竞争激烈的领域，有偿性写作的机会少之又少，相比之下，却有大量想靠写作为生的人。其中有很多人，在他们的作品售卖出去之前就已经被淘汰了，这就让人们很容易陷入"有天赋"与"没天赋"这样的思维怪圈中：那些精英型的作家获得了成功，而其他人就此没落。

我喜欢阿基瓦·戈德曼（Akiva Goldsman）在2007-2008年作家罢工期间的集会上所说的话。他当时是商界最成功的银幕编剧之一。（他凭借《美丽心灵》赢得了奥斯卡奖。）他说，在他的一生中，人们一直叫他"放弃"——说他没有成为一名作家的天赋。那他成功的秘诀是什么呢？就是他一直在坚持。

这句简单的话很有道理。我不知道我们中谁有天赋。对某些人来说，事情可能来得更快，或者更自然一些，但大多数我们的早期剧本（甚至是我们当前剧本的早期草稿）就他人是否想阅读，或是否想给予支持而言，算不上是"佳作"。在我看来，"天赋"（即某些人拥有的能够让他们成功的东西）几乎完全取决于态度和实践，而不是一种天生的能力。

对我们所有人来说，在每个项目中，都存在一个连续的增长点，从写一些没人认为能展示才华的东西开始（也就是说，与那些成功的作品相比，其不具备吸引观众所需的可信性、吸引力以及新鲜感），一直到能写出一些别人说能展示才华并证明你确实有才华的东西。

在我第一次进行专业写作的过程中（为《从地球到月球》的一集写剧本），我写了许多草稿，坦率地说，我的上司认为我并没有表现出什么天赋。（但很显然，根据我写的其他东西，我肯定有一些所谓的天赋，我才会得到现在这份工作。）他们继续给我做批注，而我则是继续努力解决这些问题。

最后，我提交了一份草稿，对我来说，与之前的草稿相差不到10%（那时我已经记不清草稿的数量了），但对其他人来说，我做的这份改动却把剧本推向了一个新的从未有过的高度。突然间，他们对我在这个项目上的天赋有了新的评价，认为我很适合。同样，也是突然间，我的剧本就起作用了，我被要求去重新写一些其他剧本。我内心的某些变化会不会让我突然间有了以前不具备的东西呢？这是不可能的。

"没有天赋"和"有天赋"之间的实质性区别，从认知与经验的角度来看，并不在于是否具有与生俱来的能力，而是在于，在所有作家都从事的写作事业中，你自己在迈向优秀的努力过程中所采取的态度和行为，即如何与他人交流，如何进行自己的情感投入。

任何人都可以用自己独特的方式做到这一点，前提是他们真的选择这么做并坚持下去。所以我的建议是不要再怀疑你是否拥有"天赋"了。把这个从你固有的认知中去掉，你可以的。你能否成为成功者中的一员，就在于你自己的态度。

致 谢

　　三十年来我一直从事剧本写作这项职业，这本书就是我这些年学习工作的成果。其中，在十年中的大部分时间，我基本上都在加利福尼亚大学洛杉矶分校和美国国立大学等学校教授编剧，同时我也是世界各地数百位不同水平编剧的导师。在与他们合作的过程中，我开始编纂一系列的知识，形成一些个人的观点，并提出了一些建议，从而奠定了这本书中所概述的原则的基础。

　　在此，我首先要感谢那些所有带着自己的作品来找我寻求指导与反馈，并给予我深度信任的作家们。在我的教学和写作生涯中，同事们也给予了我很大的帮助，特别是汤姆·汉克斯（Tom Hanks），正是因为他，我才开启了职业作家的生涯。他不断地为我提供写作项目，从他身上，我可以感受到魅力、智慧、激情与一种随和的慷慨。了不起的制作人托尼（Tony）帮助我在迷你连续剧《兄弟连》和《从地球到月球》中把握好机会，所以时至今日，每当人们提到这些作品，仍然会记得我。

　　我还要感谢布雷特·朗卡（Brett Loncar），在CAA（创新艺人经纪公司）的时候，他长期作为我的电视包装代理商，帮助我去理解什么才是电视行业可行性发展的前提，着实帮了我一个大忙。他也总会主动帮我剔除那些不可行的故事，又会热情地为我推荐那些切实可行的故事。

最后，我要感谢我的妻子——玛格丽特（Margaret）。她是一个非常有才华的歌手、词曲作者以及音乐剧创作者。在我发展自己的项目，并帮助其他人做同样的事情时，她作为我的头号"粉丝"，一直在支持着我前进。